Anne-Marie Koenig, geboren 1949 in Evreux, arbeitet als Journalistin u. a. für «Libération» und das «Magazine Littéraire». Mit ihrer Familie und drei Katzen lebt sie abwechselnd in Paris und in ihrem Haus in der Picardie.

Avis Murray, geboren 1954 in Brentwood/Essex, studierte Kunst in England und Holland. Neben ihrer Arbeit als Illustratorin und Designerin betreibt sie eine eigene Keramikmanufaktur. Mit ihrem Mann und drei Kindern lebt sie in Ashburton / Devon.

Anne-Marie Koenig

Spaziergänge in meinem Garten

Deutsch von Inge M. Artl

Illustrationen von Avis Murray

Wunderlich

Die Originalausgabe erschien 1994 unter dem Titel
«Carnets d'un jardin» bei Bernard Grasset, Paris

1. Auflage März 1998

Umschlagillustration Avis Murray
Layout Edith Lackmann
Satz aus der Minion PostScript QuarkXPress 3.32
Lithografie Grafische Werkstatt Ch. Kreher,
Hoisdorf
Druck und Bindung Clausen & Bosse, Leck
Printed in Germany
ISBN 3 8052 0611 9

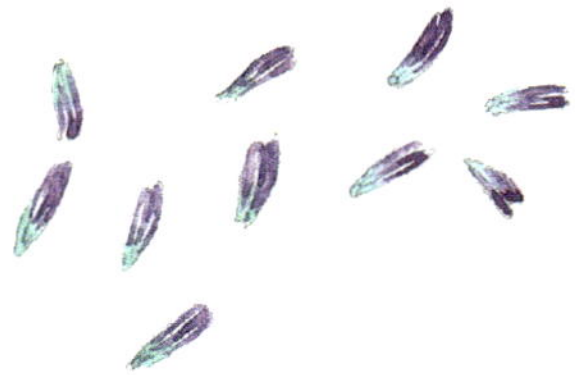

Inhalt

Mein Garten

Mein Garten hat gerade erst die Kinderzeit hinter sich. Wir kennen uns seit kaum zehn Jahren, alles in allem. Ein Jahrzehnt voller Gewitter, Revolten und Versöhnungen. Langsam entwickeln sich Kompromisse zwischen meinen Ansprüchen, meinen Verirrungen und dem Freiheitsdrang meiner Pflanzen. Mit seinen etwa zweitausend Quadratmetern ist dieses Stückchen Erde, das ich mit meinen Launen ärgere und dem ich eine Narbe nach der anderen zufüge, zu klein, um nach der weitläufigen Pracht eines Parks zu trachten – ihm fehlt es an Hochmut und mir an Erfahrung.

Ich pflanze noch immer kreuz und quer durcheinander, einem Traum vom idealen Garten folgend, der ständig verändert wird und dekorative Blumen und prosaisches Gemüse fröhlich miteinander vermischt. Beete mit Erdbeeren und Nelken nebeneinander, Rabatten aus Sauerampfer, Thymian und Steinkraut, der Hibiskus reckt den Hals, um die dummen Heidelbeeren zu überragen, und die Forsythienzweige kitzeln den steifen Lorbeer. Wie das Frühlingskleid aussehen wird, entscheidet sich zu Beginn des Herbstes. Der Morgen bestimmt den Tagesablauf.

Wenn der Mond verblaßt, wenn alle Pflanzen ihre Kräfte vereinen, um die Nacht zu verdrängen und der großen Bedrückung durch das Dunkel für einen weiteren Tag zu entgehen, wenn alles sich am Morgentau berauscht, dann mache ich meinen Rundgang durch den Garten, ein Ritual von Besuchen, Begrüßungen und vertraulichen Mitteilungen. Jetzt geht es nicht um Unkraut zupfen, umgraben oder sonstige Gewaltakte. Man muß sich über eine Pflanze nach der anderen beugen, Fortschritte beglückwünschen, die nächtlichen Schäden bemitleiden. Die Vögel spinnen ihre verschlungenen Ariadnefäden, um die Kamillen aufzuwecken, welche die Nacht in Andachtshaltung verbracht haben, den Kopf gereckt, die Arme gesenkt, und nun endlich ihre Blütenblätter wieder aufrichten und ihre zerschlagenen Glieder strecken. Eine Tomate beginnt sich zu röten; eine Dahlie zögert noch, ehe sie ihre Farbe zeigt; die Riesenkürbisse haben ein wenig mehr Bauch bekommen; Mohn und Pfingstrosen zeigen zum Bersten angeschwollene Knospen.

Ich vermerke Bedürfnisse und Notfälle. Später, wenn der Morgentau getrocknet ist, werde ich mich um die Aufgaben des Tages kümmern, um Krankheiten, die gepflegt, um Wünsche, die zufriedengestellt werden müssen. Und ich werde, nur zu meinem Vergnügen, den kleinen Wassertropfen besuchen, der in einer Frauenmantelblüte eingefaßt liegt, und auch die ganz neuen Akeleien und die lange Reihe Strauchmalven.

Doch am Morgen genieße ich ganz gemächlich die Stunde der Gespräche: ein Schwatz, wie ihn der Zufall der Begegnungen ergibt, über die kleinen Wehwehchen, empfehlenswerte Diäten, Klagen über schlechte Nachbarschaft, mürrische oder zudringliche Pflanzen, hier zuviel Licht, dort zuviel Schatten. Manchmal verbergen die Pflanzen schamhaft ihre Krankheiten, ihre Kränkungen, die Unzulänglichkeit meiner Pflege, ihre Probleme mit dem Wachstum oder ihre Altersbeschwerden. Manchmal verlieren sie allen Stolz und lassen mich ihren bedauernswerten Zustand sehen. Zwischen ihnen und mir entsteht stillschweigendes Einverständnis wie bei einem alten Ehepaar, von dessen Liebe nur noch Nachsicht und Schwächen geblieben sind. Mir gefällt dieses Bild eines Austauschs von Freundlichkeiten mit meinem Garten, von kleinen Geschenken, Aufmerksamkeiten, in denen mehr guter Wille als Nützlichkeit steckt. Wenn man schon keinen Schal für ihn strickt, so bekommt der Hibiskus doch eine

Strohhülle, damit er sich in diesem Winter nicht erkältet, und die Fuchsien kriegen eine Decke aus Laub; der Boden wird ein wenig locker gehackt, damit der Rosenstock besser atmen kann, und alle Schnecken werden aufgeklaubt, ehe ihre unersättliche Gefräßigkeit die Dahlien bis ins Blütenherz zernagt. Man verwöhnt, man verhätschelt, man mischt ein bißchen Mist in die Erde unter dem jungen Kirschbaum, wenn er das vielleicht auch nicht wirklich braucht; man läßt ganze Gießkannen Wasser über die süßen Erbsen rieseln, die von der unverhofften Wohltat entzückt sind, aber nichts dergleichen verlangt hatten.

Am Morgen hegt die Natur noch kein Mißtrauen. Frei von allen Geräuschen des Vorabends, regt der Garten sich nur ein wenig, und ich trödele herum und schaue ihm zu, wie er unter Flügel- und Blätterrascheln seine kleinen Tagesgeschäfte vorbereitet. Später bekommt die Harmonie Risse, die werden deutlicher, und bis zum Abend sehe ich ihn bloß noch wie in Bruchstücken. Der Garten existiert nur in den ersten und den letzten Stunden wirklich, in der Euphorie der Übergänge zwischen Tag und Nacht.

Wenn ich hinausgehe, streifen die Bäume die letzten nächtlichen Schleier ab. Unsicher hängt die Sonne in den Kulissen hinter der Dachschräge herum, noch ein wenig durcheinander vom Aufwachen und zerknittert von Feuchtigkeit und Tau, die nicht weichen. Bald wird sie den Vordergrund der Szene einnehmen und alles trocknen. Ich beobachte ihren Lauf. Wenn es heiß wird, komme ich ihr zuvor und gieße rasch die kleinen Einlegegurken, auf die sie als erstes fällt, und dann die Tomaten und meine neuen Rosenstöcke. Wenn die Sonne bis zum Dachgiebel hinaufgeklettert ist, kümmere ich mich um die Melonenkürbisse, die noch im Schatten liegen. Wenn es kalt ist, ermahne ich die Sonne, sich zu beeilen; ich habe nasse, kalte Füße, und diese Kälte wird mir den ganzen Tag nachhängen.

Ehe die Sonne sich dazu entschließt, all ihre Pracht und Herrlichkeit zu entfalten, oder auch nicht, ist alles einmütig damit beschäftigt, aus Augen- und Flügelwinkel den Himmel zu beobachten: Ob er wolkig wird? Ob er sich mit langen, weißen und sauberen Krallen kämmt, oder ob man bis in seine blauen Tiefen schauen kann? Soll man seine Blütenblätter öffnen oder nicht? Soll man niedrig oder hoch fliegen? Und ich, soll ich graben oder schneiden? Wenn die ersten Sonnenstrahlen die Zweifel zerstreuen und einen Wolkenschwarm zerteilen, hüpfen die Vögel auf den Lichtstreifen. Schon atmet der Morgendunst nur noch einen Rest Feuchtigkeit aus. Die Sonnenstrahlen spießen die Schwaden auf, halten ihren verspielten Tanz auf, legen wie mit dem Pinsel Formen und Farben frei. Die Blumen beben, gähnen in ihrem Bad aus Morgentau, die Gesichter noch in der Unsichtbarkeit der Nacht verborgen, ehe sie sich dazu entschließen, strahlend und elegant aufzutauchen.

Zwischen Flächen aus Licht und Schatten bewahrt die feuchte und schwere Luft die Klarheit einer Quelle. Weder Zeit noch Worte haben sie abgenutzt. In dieser Stunde fühle ich mich zu Hause. Vergessen sind Verletzungen und Mühen, und ich finde mich mit immer der gleichen Überraschung wieder in diesem eigentümlichen Duft von feuchter Erde und dem Atem der Pflanzen und Bäume. Dort im Garten begegne ich jeden Morgen einer ganz bestimmten Art von Stille – meiner eigenen. Ich wünschte, jeder Morgen könnte so sein.

Dahlien

Die Dahlien wachen früh auf, zerknittert, zerzaust und noch in nächtlichen Träumen befangen. Sie haben die Tauperlen noch nicht abgeschüttelt, die in der Tiefe der Blütenblätter liegen wie aus einer zerrissenen Halskette gepurzelt. Sie haben noch nicht diese zarte Miene aufgesetzt, dieses Gebaren von kleinen Mädchen im Sonntagskleid, das sie im Lauf des Tages annehmen. Man sieht sie beim Aufstehen, zerdrückt, benommen und unsicher auf den Stielen. Nun gut, man wird sie mit schönen und stabilen Stangen stützen.

Ich pflanze Dahlien in allen Gartenwinkeln. Auf Beeten, in Reihen, in Rondellen, im Durcheinander, in den Ecken des Gemüsegartens, hinter der Melisse und dem Eisenkraut, mitten zwischen den Erdbeeren, vermischt mit Salbei und Bohnenkraut: überall, wo das Auge einen Ruhepunkt braucht, eine sanfte oder fröhliche Ablenkung, überall, wo dem Grün ein wenig Heiterkeit fehlt. Seltsamerweise scheint es immer, als hätten diese Nomaden, die man jedes Jahr begräbt und wieder ausgräbt, niemals ihren angestammten Platz verlassen: Einheimische, die sich hier genau so wohl fühlen wie der Weißdorn oder die Königskerzen. Ihre Üppigkeit erreicht manchmal die Größe von kleinen Büschen. Sie bezaubern mich mit ihrer Aura strotzender Gesundheit, ihrem Farbenüberschwang.

Halb versteckt hinter einem Büschel gewöhnlicher roter Pompondahlien blendet mich eine gelbe Pracht, selbst wenn ich sie nur aus den Augenwinkeln sehe. Am Abend verwandelt sich ihre Farbe in Goldgelb, in Bronzegelb. Sie geben dann ein wenig von der Sonne ab, die sie den ganzen Tag getrunken haben. Dicke Blüten mit dichten, etwas eingerollten Blättern, vom Blütenherz ausgehend alle Nuancen von Dunkel- bis Hellgelb in den Spitzen. Diese gelben Dahlienblüten scheinen wie in einem Derwischtanz erstarrt. Sie erinnern an ein Feuerwerk, die Garben der berstenden Raketen.

Andere Dahlien, die dunklen, samtigen tiefroten, beinahe schwarzen, lassen ihre Farbe widerstrebend am Ende der Blütenblätter hervorschauen. Farben, Blut- und Purpurrot, die sich wie verschüttet von der Blütenmitte her ergießen und manchmal viel zu schwer auf schlaffen umgesunkenen Stielen lasten, die am Boden ein wenig einschlafen.

Ich weiß nicht, ob Blumen auch an Liebeskummer sterben, aber sie schmachten oft so dahin. Dahlien aus guter Familie, von stattlichem Aussehen und prächtigen Farben, verschont von Schnecken oder Fäule, stellen plötzlich ohne Grund eine tragische Haltung zur Schau, werden neurasthenisch, strahlen derartige Langeweile und Dummheit aus, daß man sich nicht mehr um sie kümmern mag, nur noch Gleichgültigkeit empfindet. Doch gepflückt und in einem Strauß zusammengetan mit anderen, für die sie eine stille Zuneigung hegen, wachen sie auf, richten sich auf, werden lebhaft und legen Rouge auf. Angeregt durch Gesellschaft, leuchten sie und schmücken sich mit der ganzen Pracht verliebter Blumen. Nächstes Jahr muß man diese beiden zueinander pflanzen, ihre Seelenverwandtschaft respektieren, diese wundervollen gelben und diese kleinen, zarten roten mit den sparsameren und steiferen Blättern, die in ihrem Gartenwinkel hocken wie Mauerblümchen, wie alte Jungfern mit flachen Schuhen.

Einen ganzen Sommer lang habe ich geglaubt, meine Dahlien würden aus der Art schlagen. Meine schönsten Pflanzen verschwanden auf geheimnisvolle Weise. Und die häßlichsten, die buschartigen, die aus nichts als Stielen und Blättern bestehen und nur ein paar kleine rosa Blüten bekommen, vermehrten sich auf ebenso wundersame Weise. Ich zählte ein Dutzend Pflanzen dort, wo ich nur eine einzige erwartet hatte. Gewiß, meine Dahlienknollen geraten regelmäßig völlig durcheinander, so daß ich nie weiß, welches was ist, wenn ich die größten vor dem Pflanzen zerteile. Aber warum haben diese rosa Dahlien eine derartige Vitalität? Und welcher böse Geist legt es darauf an, die schönsten Dahlien eingehen zu lassen, gerade die, an denen mir am meisten liegt? Ich habe diese rosa Eindringlinge lange für degenerierte Exemplare gehalten, für Mutanten. Oder waren die Prachtexemplare mit den riesigen Blüten und den Farben wie auf einer Malerpalette nur eine veränderte Form der ursprünglichen Dahlie, dieser rosa Blume, die nach kurzem Paradieren wieder ihr eigenes Kleid anlegte? Das Rätsel war nur in meiner Unordnung begründet. Eine Dahlie degeneriert nicht. Höchstens zweifarbige Dahlien können im Lauf der Sommer manchmal eine ihrer beiden Farben verlieren.

Einen Garten anzulegen besteht darin, mehr oder weniger geschickt die Natur zu bezwingen. Also bezwinge ich meine Dahlien: Ich knipse ihnen die Knospen ab. Ich behalte die oberste Knospe auf jedem Stengel und bringe mit einem Schnitt mit dem Fingernagel die um, die daneben dick werden. Sie wachsen gewöhnlich zu dritt nebeneinander, bei den rosa Dahlien manchmal auch zu viert. Wenn man sie gewähren läßt, blühen sie eine nach der anderen, aber immer spärlicher. Behält man nur eine Knospe, gibt es auch nur eine einzige Blume, der man allerdings ansieht, daß sie für drei gegessen hat. Eigentlich ist es nicht besonders sinnvoll, die Dahlien zu Riesenblüten zu zwingen, die doch genau so schnell verwelken wie die anderen. Trotzdem mag ich diese Beschäftigung, die so leicht und einfach und obendrein eine der wenigen im Garten ist, die man auf bequemer Höhe ausführen kann, weder bis zum Boden gebückt noch in die Höhe gereckt. Ich knipse meinen Dahlien die Knospen ab, einer nach der anderen, in aller Ruhe, ohne Schere, ohne Schubkarre, ohne Hacke. Eine Beschäftigung, die gut zu Tagträumen paßt.

Wenn der November naht und meine Dahlien ausgegraben sind, reihe ich sie mühsam in allen möglichen Steigen, Kisten und Körben auf. Am Anfang binde ich noch Etiketten daran. Doch dann habe ich es eilig, die Knollen nehmen kein Ende, und ich lasse mich jeden Herbst von neuem von den Mengen überrumpeln, als machten alle Pflanzen sich ein schadenfrohes Vergnügen daraus, mir meine Unfähigkeit zu demonstrieren. Wurzelstöcke, Stecklinge, Knollen und Zwiebeln türmen sich auf, bald wird es frieren, also zum Teufel mit den Etiketten. Im Frühling werde ich mich ganz gewiß an die Form dieser oder jener Knollen erinnern, und in welche Körbe ich die violetten, die zweifarbigen oder die anderen Dahlien gelegt habe. Doch wenn der Winterschlaf der Dahlien vorbei ist, habe ich das alles längst vergessen, und es bleibt mir nichts anderes übrig, als zu raten und auf gut Glück zu pflanzen. Nächstes Jahr werde ich es mit der Methode einer Nachbarin versuchen, die sehr viel strickt. (Eine Masche im Garten, eine Masche im Haus.) Sie hebt alle Wollreste auf und bindet jeder Dahlienknolle ein Schleifchen in ihrer Farbe um. Nur müßte mir vorher noch eine Verwendung für all die Wollknäuel einfallen; ich stricke nämlich nicht gern.

Ihren Namen haben diese Blumen von dem schwedischen Botaniker Andreas Dahl. Aber die ersten drei Dahlien gelangten eines schönen Tages im Jahre 1802 aus Mexiko nach Spanien. Im Botanischen Garten von Madrid hat man lange über diese Pflanzen gerätselt, ehe man auf die Idee kam, sie dekorativ auf Beeten wachsen zu lassen. Bis dahin hatten die Mexikaner Dahlien angepflanzt, um die Knollen zu essen. Ich habe das einmal mit Dahlien aus meinem Garten ausprobiert und ein paar besonders häßliche Knollen in kochendes Wasser geworfen. Dabei haben sie keinen Widerstand geleistet, aber ein paar Stunden später konnte man noch immer nicht mit der Gabel hineinstechen.

Seit ihrer Ankunft in Europa gedeihen Dahlien in allen Gärten. Aus lächerlichen drei Stauden hat man Hunderte von verschiedenen Sorten gezüchtet, die sich weiterhin jedes Jahr vervielfältigen und die Leidenschaft der Sammler wecken. Eine wundersame Vermehrung, denn aus einem geteilten Dahlienstock wachsen immer nur genau die gleichen Dahlien. Erst durch Aussaat erhält man andere Sorten. Jedes Samenkorn von ein und derselben Pflanze sprießt auf seine eigene Weise, mit seiner eigenen Nuance in Farbe und Form. Ich habe meine Manie aufgegeben, jede verwelkte Blüte sofort abzuschneiden, denn ich wollte wissen, wie die Samen von Dahlien aussehen. Früher war ich nicht einmal auf den Gedanken gekommen, daß auch diese Blumen Samen haben müßten, ich hielt das für ein Gerücht unter ahnungslosen Sonntagsgärtnern. Dahliensamen wachsen in hübschen borstigen Kugeln wie der Samen von Knoblauch oder Lauch.

Dekorative Dahlien, Kaktusdahlien, Semikaktusdahlien, Ball- und Pompondahlien, Dahlien mit einfachen Blüten, Anemonen- oder Schmetterlingsblüten, Mignondahlien, Halskrausendahlien mit halbgefüllten Blüten, Zwergdahlien, halbe Zwerge, doppelte Zwerge, Miniaturdahlien, ich bringe sie manchmal durcheinander. Doch ob mit oder ohne Namen, ich erkenne alle meine Blumen an ihrer Farbe, an ihrem Verhalten wieder, und das genügt mir. Je nach der Anordnung der Farben auf den Blütenblättern nennt man sie gemischt, gestreift, gesäumt, eingefaßt oder gekrönt. Ihr Blütenherz ist eine flache Scheibe oder ein Nestchen. Aber wenn ich meine Dahlien schneide, ihnen die Knospen abknipse, sie mit Stäben stütze oder ihnen die Schnecken abklaube, ist mir ihr offizieller Name nicht wichtig. Ich möchte bloß, daß sie bei guter Gesundheit sind. Das Glück eines Sommers.

Riesenkürbisse

Im Herbst verändern sich die Dimensionen des Gartens, verwelkte und abgeschnittene Pflanzen verschwinden. Andere sind, von ihren Samen erschöpft, zusammengeschrumpft, dünner und spitzer geworden. Bislang unauffällige Büsche plustern sich zur Fülle von Fesselballons auf. Das Gleichgewicht ist verändert, die Anhaltspunkte sind verschoben. Die Schritte führen über andere Pfade, die Blicke ruhen anderswo aus. Das Grün verblaßt und beginnt zu verschwinden. Die Farben der Astern, der Dahlien und der Cosmea leuchten in königlicher Pracht. Vielleicht bummeln noch ein paar verspätete Tomaten herum, vom Regen irregeführte Margeriten, ein paar späte, leicht zerzauste Rosen, anhänglicher Phlox oder Buddlejarispen und die zerbrechlichen Lampions der Physalis. Die Ranken von Bohnen und Erbsen und die Maisstengel sind herausgerissen, die Ziergräser verschwunden, das Gras ist endlich welk, und plötzlich liegen die Riesenkürbisse da wie prosaische Sonnen.

Wenn der Oktober naht, sind sie, strahlend vor Stolz, die Könige des Gemüsegartens. Sie thronen am Ende des Gartens, man sieht nur sie, man geht ihnen entgegen. Es gibt keine Konkurrenz, das beherrschende Grün hat sich zurückgezogen und überläßt ihnen die Bühne. Die Kürbisse haben schon seit langem aufgehört, sich zu mästen und noch dicker zu werden, jetzt sind sie nur noch damit beschäftigt, sich zu verwöhnen, ihre Farben zu verfeinern und es sich mit dem Egoismus einer Katze gutgehen zu lassen. Sie faulenzen in der letzten Herbstwärme und lassen sich den Tau abtrocknen. Sie stellen sich zur Schau wie die Sonne, wenn sie im Sommer über dem Meer aufgeht, blähen die Backen auf wie ein kapriziöses Kind, orange, rot, manchmal karmesinrot. In manchen Jahren werden die Kürbisse riesig und bleiben bleich. Ein andermal haben sie Mühe zu wachsen und schminken sich dafür zinnoberrot und dunkel rostfarben, glänzen wie lackiert oder verzieren sich mit einem Netz aus weißen und grünen Adern. Das mag mit der Hitze, der Feuchtigkeit, der Herkunft und Qualität des Samens zu tun haben, vielleicht liegt es auch an der willkürlichen Beschneidung, mit der ich sie quäle.

Kürbisse sind Individualisten, ziemlich dumm und stur, und machen sich dort breit, wo es ihnen paßt. Der eine beschließt, groß zu werden, der andere, klein zu bleiben; der eine treibt nach rechts aus, der andere nach links. Einer strotzt vor Gesundheit, sein Nachbar kränkelt vor sich hin. Sie

kriechen, sie klettern, sie verheddern sich, sie ersticken sich skrupellos gegenseitig, strecken ihre Rankenarme meterlang aus, sichern sich das größte Territorium und seufzen schier vor Zufriedenheit, wenn sie es geschafft haben. Manche schleichen sich davon, andere bleiben auf der Aussaatstelle. Ranken wie Tentakel, verstecken sich in meinem Garten zwischen den Erdbeeren, belästigen die Zitronenmelisse, walzen den Lauch platt, erwürgen den Sellerie, kasteien den Thymian oder die Maßliebchen und legen sich über die Myrte. Jedes Jahr überrumpelt mich das Wachstum der Kürbisse von neuem. Nie habe ich genug Platz für sie vorgesehen.

Zuerst treiben auf den Ranken ungezählte kleine gelbe Kugeln. Die eine oder andere ist eines schönen Tages verschwunden, abgefallen oder von irgendeinem Tierchen aufgefressen. Wenn die Kugeln dann endgültig zu Kürbissen und jeden Tag dicker werden, haben sie ihren Platz ein für allemal gewählt, verlassen ihn nie wieder und richten sich mitten in dem ganzen, durch ihr Gewicht zerdrückten Tohuwabohu aus vergilbten Ranken, Blättern und Gras ein: Jeder hat seinen Winkel. Die Aufteilung ihres Hoheitsgebietes ist abgeschlossen. Jetzt helfe ich ihnen, ihr Nest trocken zu halten. Ein Dachziegel, eine Steinplatte, ein Büschel Stroh wird vorsichtig unter ihre Rundungen geschoben, damit sie nicht mit dem feuchten Boden in Berührung kommen und faulen oder sich wundliegen wie ein Säuglingspo. Im Grunde verlangen Kürbisse nichts anderes, als nur ungestört ihre endlose Siesta zu halten.

Kukurbitazeen. Der Name entzückt mich mit seinem rollenden Klang. Er lädt dazu ein, sich auf zweifelhaften Abwegen herumzutreiben. Er ist eher eine Silhouette als ein Name und eigentlich einfach lächerlich. Das lateinische *cucurbita* bezeichnet einen Flaschenkürbis, von denen es «krummhalsige» und «geradhalsige» gibt: erwähnen wir nur, daß der Spott mit diesem Wort schon seit den alten Lateinern überlebt. Dabei liegt doch eine gewisse Würde in dem lateinischen Namen. Die Kukurbitazeen ertragen die Bürde ihres Namens gelassen, und ihre Karriere zeigt, daß sie über Kalauer und Anzüglichkeiten erhaben sind. Die Silben reihen sich ohne Schnörkelei aneinander, ohne Schwächen oder plötzlichen Absturz. Darin klingt die schmale Länge des Schlangenkürbis an und gleichzeitig der Wanst des Riesenkürbis, die zierliche und doch zielstrebige Anmut ihrer Wickelranken und die phantasievollen Wege ihrer meterlangen Stiele. Kurz, die ganze Beschreibung der Kukurbitazeen.

Im einzelnen besteht der große Klan der Kukurbitazeen aus Hunderten von Sorten mit manchmal seltsamen Namen, Vornamen, und Spitznamen: Flaschenkürbis, Kalebasse, Türkenturban, Puderquastenkürbis, Mantelsackkürbis, Butterblumenkürbis, Ufo, Trompetenkürbis, Spaghettikürbis, Gelber und Roter Zentner …

Die Kukurbitazeen, Überbleibsel aus der gemüsegärtnerischen Urgeschichte, scheinen aus einer Ära zu stammen, in der das Leben überschwenglich wucherte, so viele Formen, Farben und Größen tun sich in ungezählten Varianten zusammen. Der Planet gehört ihnen noch immer. Manchmal sind sie nicht größer als Pommes frites, wie im Fall der Einlegegürkchen; ein andermal können sie als Riesenkürbis über sechzig Kilo wiegen. Sie wachsen mit unersättlicher Vitalität und Freßgier in einem derartigen Tempo, daß man sie beinahe wachsen hört. Eines Morgens schieben die gelben Trompetenblumen winzige dünne Kürbischen heraus, kurz wie ein Finger, zart, blaß und harmlos. Nach ein paar Tagen sind sie schon so groß und dick wie Gummiknüppel. Eine Woche schaut man nicht nach ihnen, und schon sind sie enorm, liegen vollgefressen und selbstzufrieden da wie riesige grüne Nacktschnecken. Man könnte meinen, daß sie jeden Moment anfangen, sich zu bewegen und sich mit der Mentalität wahrer Eroberer bis ans andere Ende des Gemüsegartens auszubreiten. Riesige träge

Parasiten, die nicht einmal mehr in ein Backrohr passen. Man kann sie loswerden, indem man sie zu Würfeln, Scheiben, Stiften zerschnipselt, zu Teig und zu Püree zerrührt, zu Aufläufen, Suppen oder Gemüse verarbeitet, aber dann ist immer noch Kürbis übrig. Rezepte, wie man mit Riesenkürbissen fertig werden könnte, füllen ganze Bücher; komplette Mahlzeiten, von den Vorspeisen bis zum Nachtisch und den Konfitüren. Gekocht, gebraten, gebacken, als Omelette, als Soufflé, in Torten, Kuchen, Kolatschen, Pasteten und Pudding ... wie gesagt, die Mentalität von Eroberern, und das bis auf den Eßtisch.

Das wahre Problem liegt in ihrer ergiebigen Natur. Wie soll man mit einem Dutzend Riesenkürbissen fertig werden, wenn man weiß, daß die nächsten schon auf die freiwerdenden Plätze lauern, um sich ebenfalls auszubreiten? Die Essiggurken, diese armen Kleinen, halten sich brav in ihren Einmachgläsern. Aber Kürbis? Etwas rücksichtsvollere Arten halten sich auf trockenen Unterlagen drei bis vier Monate. Aber sie rächen sich, sobald man sie anschneidet. Dann muß man sie sehr schnell verzehren, sonst faulen sie genauso schnell, wobei sie heimtückisch mit den Kernen und Fasern im Inneren anfangen. Ein Riesenkürbis hat die Tugenden und Schwächen des Unerschöpflichen. Selbst wenn man jeden Abend Kürbissuppe ißt, braucht man immer noch zwei bis drei Wochen, um mit einem einzigen von diesen Brocken fertig zu werden. Also erfindet man Gerichte; es ist einfach unglaublich, was man alles erfindet: die Herrschaft der Riesenkürbisse steht im Zeichen der Phantasie.

Zu den Namen, die mich besonders amüsieren, gehört auch die Eselsgurke, *Ecballium elaterium*: ein kleines längliches Kürbisgewächs, das platzt, sobald man es nur streift. Ich habe allerdings noch nie eine Eselsgurke gesehen. Aber eine Luffa, eine Schwammgurke, klettert in diesem Jahr voll Eifer an den Sprossen einer alten Leiter hinauf. Sie ist das einzige

Exemplar, das meine Aussaat überlebt hat, und rächt sich nun mit Ranken von völlig unvorhergesehener Länge. Man könnte meinen, es befriedige sie, daß sie die anderen alle in der Wiege erstickt hat. Diese Kürbisart ist nicht eßbar, Gott sei Dank, aber wunderbar als Badeschwamm zu gebrauchen. Die Luffa ist steinfarben und gleicht vage jenen aus Stein gehauenen Pinienzapfen, die zuweilen Freitreppen zieren. Dazu noch viele andere, deren Namen ich vergessen habe und deren Form sich phantastischen Spielereien zu verdanken scheint: Ein dunkelgrüner Kürbis ahmt eine mittelalterliche Keule nach, mit einem langen Griff und einem kugelförmigen stachelbewehrten Ende, das die Feinde munter verunstalten soll. Ist dieser Kürbis nicht auch auf spanischen Spielkarten abgebildet? Es gibt auch kleine Kürbisse, nur faustgroß, gelb, grün oder gestreift, mit oder ohne Stacheln, die ich in allen Zimmern wie Festtagsschmuck zum Trocknen aufreihe und die manchmal, vermutlich vor Verlegenheit, schrumpeln oder faulen und mit einem weichen Laut zu Boden fallen.

Als ob sie mit dem Fruchtfleisch nicht schon genug zu tun hätten, sind die Menschen auch noch darauf gekommen, seine Blüten zu essen. In Südamerika kocht man Ragout mit Kürbisblüten und schmort ganze gefüllte Kürbisblüten. Die Zubereitung dürfte ungefähr so kompliziert sein wie das Nähen mit Kreppapier. Die Möglichkeiten, Kukurbitazeen zu verwenden, sind wirklich unbegrenzt. Aber man braucht sehr viele Quadratmeter Riesenkürbisse und ungewöhnliche Geduld, um ein Kilo Kürbisblüten zu ernten.

In einem anderen Gartenwinkel wachsen die Melonenkürbisse ein wenig diskreter als die Riesenkürbisse. Sie kriechen nicht, beanspruchen weniger Platz und bleiben im Beet. Die Früchte verstecken sich gern unter den Blättern, vielleicht, um ihren hellen Teint nicht in der Sonne zu ruinieren. Vielleicht auch, weil ihre Form einer gezackten Untertasse oder einem Dessertteller ähnelt und eine gewisse Zerbrechlichkeit suggeriert. In diesem Jahr gedeihen meine Melonenkürbisse nicht, bleiben klein und kümmerlich. Sie sind häßlich, sie sind krank. Ihre grünen Blätter sind weiß gesprenkelt mit pelzigen Flecken, die sich ausbreiten und die Farbe verschlingen. Man könnte meinen, schlecht ausgespülte Wäsche sei darüber ausgetropft. Ohne Zweifel Faulschimmel oder etwas Verwandtes. Der Platz scheint auch schlecht gewählt: Ein Pflaumenbaum läßt seinen ganzen Abfall aus unreifen Pflaumen, welken Blättern und Saft darauf fallen. Obendrein ist der Boden am Ende dieses Sommers von Tunneln und Höhlen durchzogen. Unter einer dünnen Erdkruste klaffen Löcher, und die Kürbiswurzeln baumeln verzweifelt im Leeren, von Schwindel befallen. Das Werk der Wühlmäuse. Ihretwegen sind meine Melonenkürbisse rar und rachitisch. Nächstes Jahr werde ich die Samen anderswo vergraben. Sie keimen so bereitwillig in der lockeren Erde, ohne sich zu zieren. Vielleicht säe ich sie dort, wo ich auch schon ein paar Riesenkürbisse gesät habe, direkt auf dem Komposthaufen. Diese Pflanzen sind derartig verfressen, daß sie den Boden auslaugen. Sie lassen sich gerne mit Dünger nudeln.

Etwas weiter verheddern sich die Ranken der Riesenkürbisse mit denen der Zaunwinde, die das nutzt, um ihr wild wucherndes Gewirr noch weiter auszubreiten. Unmöglich, die beiden jetzt noch auseinanderzuzupfen oder zu jäten. Das vergnügte und beharrliche Durcheinander der Kürbisranken verwundert mich immer wieder von neuem. Zu welchem boshaften Zweck stürzen sie sich unermüdlich auf jedes Kraut, das ihnen in den Weg gerät? Normalerweise kommen Wickelranken nur bei Kletterpflanzen vor, die einen Halt suchen, um schneller und höher klettern zu können. Einlegegürkchen pflanze ich zum Beispiel rechts und links von einem leichten Spalier, sie klettern behende von selbst, recken sich der Sonne entgegen, ein wahres Wunder. Die niedlichen kleinen Wickelranken klam-

mern sich in den Gitterlöchern fest, die Gürkchen wachsen schön ordentlich und sauber und brauchen nur ein Minimum an Platz.

Aber die Riesenkürbisse? Kann man sich vorstellen, daß diese von ihrem Gewicht an den Boden genagelten Dickwänste die Akrobaten spielen? Kein Stiel, keine Stütze würde das aushalten. Sie kleben wie aufgeblasen auf der Erde, unfähig, sich auch nur einen Zentimeter zu bewegen, und trotzdem haben ihre Stiele Wickelranken. Und die rollen sich zusammen, flechten komplizierte Knoten, kringeln sich wie Spiralfedern und fangen am Boden einfach alles ein, Unkraut, Goldknöpfchen, Brennesseln, Löwenzahn oder Buchsbaum. Vielleicht sind die Wickelranken nur eine Verankerung, einfache Zeltpflöcke, die verhindern sollen, daß dieser Riesenknödel sich für einen Ball hält und bei starkem Wind davonrollt und sich verirrt.

In diesem Jahr habe ich versucht, den Überschwang der Kukurbitazeen einzudämmen und ihre Besetzung des Bodens zu planen. An manchen Stellen bildet das Blattwerk eine mehrere Quadratmeter große grüne Fläche ohne Lücken. Darunter könnte ein Sumpfloch sein. Entschlossen habe ich Grenzen festgelegt, Stützpfosten aufgestellt und einen zwei Meter hohen Drahtzaun für die Kletterkürbisse gezogen. Die amüsieren sich damit, flache Strecken mit ihren Ranken schier blitzschnell zu überqueren und dann auf die Bäume zu klettern. Ich habe schon im Nußbaum und im Kirschbaum Kletterkürbisse gepflückt, und die Spaghettikürbisse breiten sich im Salbeibeet aus. Der bedauernswerte Lauch läßt sich im Vorbeikriechen von den mörderischen Ranken sämtlicher Kürbissorten strangulieren.

Meine Kapitulation vor diesem Chaos erlaubt es dem Ungeheuer, seinen wahren Charakter zu enthüllen: Entgegen allen Naturgesetzen sind die Riesenkürbisse nämlich doch Kletterpflanzen. Sie haben das Durcheinander still und heimlich genutzt, um den Gitterzaun zu besetzen, der für die Kletterkürbisse gedacht war. Den Stielranken ist es gelungen, bis nach oben zu kommen. Sie sind dick und fett, haben einen Umfang wie meine Handgelenke und tragen alle dreißig Zentimeter einen Riesenkürbis.

Gestärkt durch neue Erfahrungen, glaube ich jeden Frühling, daß ich diesmal endlich das letzte Wort behalten werde, und sehe der neuen Saison der Kukurbitazeen mit Gelassenheit entgegen. Ich habe versucht, sie mit Stroh abzudecken, ohne Erfolg. Ich habe es mit Plastikfolien probiert; sie erwiesen sich als zu klein und schlecht angepaßt: Die Pflanzen wachsen wie verrückt zu den Fugen heraus, drängen um so ungestümer hervor, weil sie vor dem Ersticken fliehen. Die Plastikfolie wirft Falten, in denen sich Wasser sammelt, und meine dicksteißigen Riesenkürbisse riskieren die Fäulnis. Dann habe ich auf die Plastikfolie Holzlatten gelegt und sie mit leicht schräg geneigten Dachziegeln verlängert und beschwert. Das Ganze schaut recht gut aus, ist aber ein bißchen kompliziert, und außerdem scheint mir, daß ein solchermaßen isolierter Riesenkürbis dazu neigt, sich zu langweilen. Also soll er von mir aus klettern, wenn er das unbedingt will!

Ich könnte den Expansionsdrang der Stielranken begrenzen, indem ich sie beschneide, aber sie verzweigen sich in einem derartigen Tempo, daß ich immer zu spät komme und auf gut Glück abschneide. Die Pflanzen, die ich auf diese Weise verstümmelt habe, breiten sich nicht mehr so weit aus, aber sie rächen sich, indem sie noch mehr Stielranken bekommen, jedoch weniger Früchte tragen. Nun, es schadet ja nichts, hier und dort ein wenig auszulichten, ein paar Stielranken wegzuschneiden und auf jeder Pflanze nur zwei Riesenkürbisse zu behalten. Man kann auch nur einen einzigen übriglassen; er wird dann um so riesiger. Aber ich finde meine Kürbisse groß genug, ich möchte nicht, daß sie meinen Garten verunstalten.

Kukurbitazeen gedeihen ganz besonders gut, wenn man einige Stielranken eingräbt, damit die Pflanze zusätzliche Wurzeln treibt und dadurch mehr Feuchtigkeit und Nahrung erhält. Weil ich in all dem Wirrwarr nicht wußte, welche Stielranke zu welcher Pflanze gehörte, habe ich auf gut Glück ein paar Rankenteile in feinem Humus vergraben. Aus der Spitze, die herausragt, wächst die Pflanze mit neuer Kraft und trägt Kürbisse irgendeiner Art (es ist unmöglich, mit Sicherheit zu wissen, zu welcher Sorte Kukurbitazeen die eine oder die andere Stielranke gehört, weil sie sich derartig aneinanderklammern, sich ineinander verwickeln und zusammendrehen wie eine Telefonschnur). Manchmal kann ich die Kürbisarten anhand der Formen ihrer Blätter oder den Farben ihrer Blüten auseinanderhalten, Riesenkürbisse haben gelbe, manche anderen weiße, aber das Erkennen währt nicht länger als die Blüte, und zehn Zentimeter weiter herrscht schon wieder Rätselraten.

Alles an den Kukurbitazeen erstaunt mich. Sie scheinen weder zu unseren Breiten noch in unsere Zeiten zu gehören. Sogar die den Seerosen ähnlichen Blätter werden riesig. Sie sind von mehr oder weniger dunklem Grün, völlig undurchlässig, und halten sich für Regenschirme. Ich gieße sie, und sie trocknen in zwei Sekunden. Keine einzige Wasserspur. Sie sind glatt, glänzen kaum; kein Wassertropfen hat sie berührt. Aus Neugier habe ich sie schon gründlich geduscht – sie gaben nie nach, blieben immer trocken und tadellos glatt.

Öffnet man einen Kürbis, so findet man eine hohle Mitte, pelzig und leer. Eine Kaverne, ein faseriger Uterus, in dem sich die Samenkörner anklammern. Ein Versteck für Zwerge, und Cinderellas gute Fee brauchte wirklich bloß ein bißchen Phantasie, um einen Riesenkürbis in ein prächtiges Gefährt für eine Prinzessin zu verwandeln. Von der Schönen verlassen, mit oder ohne Schuh, wirkt dieses leere Nest ziemlich dumm. Als ob der Riesenkürbis einen nicht existierenden Kern umhüllen und sich so selbst etwas vormachen würde. Man könnte sagen, je mehr er sich nach außen aufbläht, desto mehr leert er sich im Innern. Eine trügerische Hoffnung, ersonnen von einem machiavellistischen Gärtner.

Die Riesenkürbisse treiben ein Spiel mit uns. Ein Ratespiel, wenn man ihnen Schritt um Schritt in das Labyrinth der Namen, der Formen, der kulinarischen oder dekorativen Verwendungen folgen muß. Zudem haben die Kukurbitazeen den Glanz von lackiertem Spielzeug. Man könnte meinen, irgendein prähistorischer Riese habe sich damit vergnügt, diese glatten Schalen in leuchtenden Farben zu bemalen, um seiner Kinderschar die Langeweile zu vertreiben.

Auch die Flaschenkürbisse fügen sich der künstlerischen Berufung. Zu den Flaschenkürbissen gehören auch die Kalebassen und der Pilgerkürbis, der früher an den Gürteln durstiger Pilger hing. Die Schalen lieferten ein leichtes Material irgendwo zwischen altem Leder und Holz, sehr praktisch im Gepäck der Reisenden, und obendrein ließ es sich zu Schöpf- und Eßlöffeln und Eßschüsseln schnitzen. Für dekorative Kürbisschnitzereien sind der Phantasie keine Grenzen gesetzt. Von den Kürbissen, die einfach nur getrocknet werden, mit ihren Tupfen und Mäandern in allen Schattierungen von beigebraun, bis zu den Kürbissen, die bemalt und ausgehöhlt als Dosen oder Laternen dienen, die zu Tieren geschnitzt, zu Palmen zerschnitten und in Buddhas verwandelt werden. Dieses Kunstgewerbe hat seine Tradition und seine Meister in Nizza. Kürbisschnitzer wird man nicht von heute auf morgen. Man braucht Jahre, um das sichere Fingerspitzengefühl zu entwickeln, die Schale haarscharf zu schneiden, sie millimetergenau auszuzacken, sie fehlerlos zu verzieren. Man braucht auch drei Sommer, um wachsen und reifen zu lassen, und Monate, um den Kürbis zu trocknen.

Wenn meine Kürbisse reif sind, werde ich ein paar Samen für das nächste Jahr auswählen. Ein Garten ist ein langfristiges Unternehmen. Und so haben Gärtner auch kein Alter. Wie ihre Pflanzen altern sie in Schichten – von Monaten, Jahren oder Jahrzehnten.

Die kleinen Einlegegurken

Während die Riesenkürbisse noch wachsen, beginnt schon die Saison der Einlegegurken. Endlos und monoton. Von Juli bis September jeden Tag die gleichen Handgriffe. Jeden Morgen die reif gewordenen Einlegegurken pflücken, waschen und in grobem Salz einpacken. Jeden Morgen die Gurken von gestern, die ihren Saft schon ausgeschwitzt haben, waschen und in Gläsern einlegen. Manchmal langweile ich mich bei dieser Arbeit, doch ich mag diese Langeweile.

Diese kleine *cucurbita* trägt trotz ihrer Winzigkeit den pompösen lateinischen Namen mit der gleichen Gelassenheit wie die Giganten dieser Pflanzenfamilie. Einlegegurken schmecken frisch verzehrt längst nicht so köstlich wie frisches Gemüse, also pflanzt man sie vermutlich besonders wegen des Vergnügens beim Einmachen. Einmachgläser auf einem Regal aufzureihen lädt zu gemächlichen Tagträumereien ein. Eine Konserve, und wenn es bloß Essiggurken sind, erinnert an die Zukunft, ist wie ein kleiner, symbolischer Schutzwall gegen schlechte Zeiten. Ein Einmachglas zu schließen, Vorräte anzuhäufen weckt Bilder vom Winter, von schlimmer Kälte, von Notlagen, für die der Haushalt gewappnet ist. Die Genugtuung, die in bäuerlicher Selbstversorgung liegt, kindliche Träume vom unabhängigen Leben. Gleichzeitig Wunsch und Furcht, eines Tages könnte eine Katastrophe die Verbindung zur Zivilisation zerstören und der Komfort zusammenbrechen, oje!, aber dann hat man trotzdem doch noch wenigstens das Nötigste, um sich durchzuwursteln. Die Schränke sind vollgestopft mit Einmachgläsern, und wenn es bloß Essiggürkchen sind.

Die Verwandlung der Ernte in gefüllte Einmachgläser ist auch eine Weise, den Jahreszeiten ihre Größe wiederzugeben, sie vorzubereiten, sie zu erleben und zu ertragen. Diese seltsame Geduld verwandelt das Jahr in einen Kreislauf höherer Art; es ist nicht mehr nur der persönliche und einsame Weg zum Ende des eigenen Lebens. Wie das Pflanzen eines Baumes ist Essiggurken einmachen eine der frömmsten Handlungen, die es gibt.

Herbst

Das Ende des Herbstes naht, die Zeit, die Blumenzwiebeln zu setzen, aus denen im Frühling Krokus, Hyazinthen, Narzissen, Iris und Tulpen blühen. Sie sind nicht hoch, diese Blumen; die meisten bedecken gerade den Erdboden. Dann steigt alle Farbe von dort auf, die Bäume tragen noch keine Blätter, der Rasen färbt sich gerade erst in zartem, leuchtendem Grün, das nur als Präsentierteller dient für goldenes Gelb, sahniges Weiß, samtiges Violett und blasses Blau. In diesem Stadium zeigt sich die ganze Pflanzenwelt jung und einladend, nur darauf aus, das Licht anzulocken, es einzufangen und festzuhalten, damit es bleibt, zunimmt und mit dem Samen aufgeht. Schwierig, sich im Herbst, wenn alles den umgekehrten Weg geht, den Frühling vorzustellen. Man vergißt immer irgendeinen Strauch, der dann Schatten wirft, irgendeine Pflanze, die zu stark wächst, irgendein Gemüse, das man aussäen wird, und dazu all das wuchernde und erstickende Unkraut.

An Allerheiligen habe ich ein neues Beet abgesteckt, gesäubert und umgegraben, das für Kaiserkrone, Iris und Fresien bestimmt war. Man braucht eine Menge Zwiebeln; sie sind so winzig wie Perlzwiebeln, so weiß und sauber wie Knoblauchzehen, werden in kleinen Plastiknetzen verkauft, auf denen ein hübsches Foto der zukünftigen Blumen prangt, in dichten Massen, lauter glückliche, strahlende, opulente Blumen. Einfach perfekt. Auf diesen Etiketten brechen weder die Gladiolen noch die Tulpen jemals ab, fallen auch nicht um oder wachsen in alle Himmelsrichtungen auseinander, sie verkümmern nicht und verlieren auch nicht die Farben. Ich sehe meinen Garten schon in aller Pracht vor mir, voll von diesen freundlichen und einladenden Beeten.

Leider wachsen die Blumen immer dürftiger, spärlicher, sind rachitisch und von eher mürrischem Charakter und verlangen Stützen, Jäten, Begießen und andere unvorhergesehene Pflege. Sie wollen einfach nicht so recht, und manchmal verschwinden sie völlig, von irgendeiner unterirdischen Macht verschlungen. Wenn man genau hinschaut, scheinen die gekauften Blumenzwiebeln schon angeschimmelt, krank oder hypochondrisch. Ein andermal, noch ehe die Pflanzen blühen, bekommen die Blätter Löcher, werden von Pilzbefall zerfressen und zerrupft oder geheimnisvollen Insekten, die, man weiß nicht wie, von der unverhofften Mahlzeit erfahren haben.

Ich habe mir also angewöhnt, unter jede Blumenzwiebel ein winziges Kissen aus Kompost zu legen, um die Tücken des Wachstums zu beschwichtigen. Ein kleines Opfer, um mir das Schicksal geneigt zu machen. Aber es ist seltsam: All diese Rechtecke frischer Erde, die ich umgrabe, erscheinen mir von nun an wie Gräber. Diese aufgehäufte Erde mit den sauberen Rändern rührt mich, und das liegt nicht nur daran, daß Allerheiligen ist.

Seit dem Begräbnis meiner Katze erinnern mich kahle Beete daran, daß die Erde auch den Tod birgt. Die Katze, weiß und warm und so sanft, hatte siebzehn Jahre lang mit mir gelebt. Ich habe sie im Garten begraben und einen blauen Hibiskus über ihr gepflanzt. Das erste tote Geschöpf, das hier wohnt. Jedesmal, wenn ich beim Hibiskus jäte, ihn beschneide oder einfach daran vorbeigehe, denke ich an meine Katze. Jedesmal fühle ich mich ein bißchen älter, aber auch irgendwo fester verankert. An unsere Toten zu denken verleiht dem Dasein Gewicht. Sie sind oft weit weg, die meinen sind anderswo.

Ich ertappe mich dabei, von einem Park zu träumen, oder wenigstens von einem kleinen Friedhof, einem Garten gleich, wo sie alle begraben wären. Es scheint mir schwierig, einen Ort zu lieben, mit dem man keine Zuneigung verbinden kann. Irgendwo Wurzeln zu schlagen bedeutet auch, daß man seine Trauer dort abladen kann. Muß man ein Grab ausheben, um wirklich zu einem Ort zu gehören? Jedesmal, wenn ich ein Rechteck Rasen umgrabe, um dort mein Spielzeug zu pflanzen, glaube ich, daß meine Toten mir fehlen. Sogar meine Bäume würden höher wachsen, wenn sie Erinnerungen zu bewahren hätten.

Verzweiflung der Maler

Ich empfinde große Zärtlichkeit für Blumen, deren Namen ich nicht kenne. Sie sind hübsch, sie erstaunen mich, sie passen zu meiner Stimmung. Keinerlei Notwendigkeit, sie beim Namen zu nennen, denn ich spreche nicht von ihnen. Die Beziehung entsteht ausschließlich zwischen ihnen und mir. Sie tragen den vagen und ungenauen Namen, den ich ihnen in meinem Kopf gebe. Diese dort nenne ich Sonnenblumen, es sind aber keine, sie haben nicht die gleichen Blätter, nicht die gleiche Haltung, die Blütenblätter fangen purpurrot an, laufen orange weiter und enden gelb. Nur eine gelbe Pfeilspitze und eine feine schwarze Borte, ein Umriß wie mit dem Bleistift. Die richtigen Sonnenblumen wachsen ein Stück weiter weg. Unmöglich, sie zu verwechseln. Ich nenne sie beide Sonnenblumen, ich weiß genau, welche von beiden ich gerade meine, und das genügt mir.

Die fröhliche Anwesenheit der Blumen reicht vollkommen aus, um mich glücklich zu machen. Wenn ich jäte, wenn ich sie schneide, sie pflücke, verwende ich eine Reihe von Beschreibungen, die durchaus ihren Zweck erfüllen. «Die-da-mit-dem-langen-Stiel-und-den-kleinen-blauvioletten-Glöckchen-die-immer-der-Reihe-nach-von-oben-nach-unten-blühen-und-verwelken», die einer Glockenblume gleicht, aber keine ist, die nenne ich trotzdem Glockenblume, warum auch nicht? Ich habe alle Rechte, welche der intime Umgang miteinander verleiht, so wie man in der Familie und unter Freunden manchmal Wortspiele erfindet, die nur Eingeweihte verstehen. Ich bin hier die einzige Eingeweihte.

Umgekehrt habe ich auch manche Blume nur wegen der Schönheit ihres Namens ausgewählt und gepflanzt. Und ich habe sie niemals blühen sehen. So hat mich die Bibernelle verführt, die bei uns auch «Verzweiflung der Maler» heißt. Solch ein Name weckt Neugier. Bloß hat mir diese Pflanze seit drei Jahren noch keine einzige Blüte geschenkt. Vielleicht aus Trotz, wegen mangelnder Rücksicht auf ihre Bedürfnisse und Wünsche, mangelnder Hochachtung vor einer adeligen Abstammung, von der ich nichts weiß. Ich habe sie ein bißchen hastig eingepflanzt, in schlechtem, steinigem Boden und in der prallen Sonne, weil der Name auf leuchtende Farbe schließen ließ, auf ein ungestümes und leidenschaftliches Leben. Statt dessen blüht sie überhaupt nicht, und ich finde, sie schaut mürrisch und verkniffen drein. Jetzt glaube ich, diese Pflanze ist gerade deshalb die Verzweiflung der Maler, weil sie eben niemals eine Blüte trägt, während der Künstler mit dem Pinsel in der Hand ungeduldig darauf wartet, daß sie blüht. Er muß also eine nur imaginäre, aber glaubhafte Blume malen.

Ich wünsche mir noch etwas anderes als Worte, um von Pflanzen zu sprechen. Weder Schrift noch Zeichnung, etwas, das aus ihrem Duft und der Schwerelosigkeit der Luft gewebt ist, aus der schwebenden Heiterkeit des Morgentaus, wenn die Blumen die Köpfe heben und ihre Farben und der Geruch der Erde die Atmosphäre vielleicht bis zum Mond hinauf füllen, auf jeden Fall bis über den Morgennebel. Eine Atmosphäre, die ganz verschieden ist von der beschreibenden Summe all dessen, was da wächst.

Von Bäumen bis zum Gemüse, von Maßliebchen bis zu Brennesselbüschen lassen Pflanzen sich nicht zusammenzählen. Sie schaffen nur eine Art Schwingungen, eine beeindruckend vitale Kraft, eine ursprüngliche Energie, mit der ich mich für einen Augenblick im Einklang fühle.

Ich hantiere mit plumpen Worten, schlecht geschliffen für die Empfindlichkeit der Blätter, die schimmernde Zerbrechlichkeit der Blüten. Meine Worte schweben mir auf der Zunge, mit schlechtem Geschmack überladen, herausgeputzt mit Glitzertand. Es fehlt ihnen die Eleganz, um von der Verwirrung einer Knospe zu sprechen, von der Gemütsbewegung der Ranunkeln, wenn sie sich alle zusammen öffnen. Keine einzige Pflanze braucht meine Phrasen. Vielleicht fehlt es mir auch an Gewandtheit, um sie zu pflegen. Ich kenne die Pflanzen erst seit so kurzer Zeit, und so schlecht. Es ist sozusagen eine Entdeckungsreise, die ich unsicher angetreten habe.

Manchmal ereignet sich unversehens eine Begegnung zwischen einer Pflanze und ihrem Namen. Vor allem bei Wildblumen, die man nur nach einer Kindheit auf dem Lande kennen kann, von denen man auch im Umgang mit Berufsgärtnern nichts lernt, und die bei der Kultivierung eines Gartens stören. Sie haben die hübschesten, ausdrucksvollsten Namen. Der Tag, an dem ich erfahre, daß diese komische Pflanze, die ich regelmäßig ausreiße, ohne weiter darauf zu achten, lieber Himmel, eine echte kleinblättrige Königskerze ist oder ein Gnadenkraut, oder Gichtkraut, oder eine Trichterwinde, solch ein Tag entschädigt mich für eine Saison Rückenschmerzen. Dann habe ich das Gefühl, daß ich mir langsam, langsam etwas verdiene, einen Platz irgendwo. Ich bestehe die Aufnahmeprüfung in meinen Garten.

Lampionblumen

Die Lampionblume wird auch Blasenkirsche oder Physalis genannt, aber mir gefällt der volkstümliche Name viel besser, der genau so leicht und zart ist wie ihre Blütenkelche. Sie kommt aus den heißen Regionen Amerikas und fühlt sich auch bei uns so wohl, daß sie vergnügt wächst. Ein Charakter wie ein Konquistador. Sie erobert, sie erstickt ohne Skrupel alle ihre unglücklichen Nachbarn, ob einfache Passanten oder alteingesessene Einheimische.

Mir hat mein Nachbar welche zum Geschenk gemacht, als er eines Tages gegen die Invasion vorging und anfing, sie herauszureißen. Die Pflanze schaute nach nichts Besonderem aus. Stücke von harten Stengeln, lächerlich verlängert von zerfetzten Wurzeln. Ich habe sie aus Neugier eingepflanzt und mit übertriebener und unnützer Sorgfalt umhegt. Die «Liebe im Käfig» ist derart eroberungslustig, daß ihr ein Nichts genügt, um Wurzeln zu schlagen, sie vor aller Augen zu verlängern, überall den Boden aufzureißen und ihre Sprößlinge hinauszutreiben, sogar in den Ritzen zwischen Pflastersteinen.

Die Pflanze läßt ihre etwas verrückten Stengel wachsen, manchmal kerzengerade, manchmal krumm, manchmal verdreht und immer weiter kriechend, bis sie die richtige Stelle finden, von der sie sich aufrecken. Sie läßt ihre dunklen Blätter schön groß werden, bis sie soviel Platz wie ein dicker und dichter Teppich einnehmen. Dann zeigt sie ihre ziemlich unscheinbaren Blüten, klein und weiß und auch nicht feiner als Kartoffelblüten. Blüten, die nur aus Notwendigkeit existieren, nur eine Etappe sind und nicht zur verweilenden Betrachtung inspirieren. Sie sind nur auf der Durchreise, diese kleinen Blüten, sie sind das undankbare Zwischenspiel, das notwendige Glied in der Kette, um die Fortsetzung vorzubereiten. Das Interessante an Kartoffeln sind nicht die Blüten, sondern die Knollen. Und das Interessante an Lampionblüten sind ebenfalls nicht die Blüten, sondern der Blütenkelch, diese feine Membrane, welche die Frucht in eine Art Geschenkpackung einhüllt. Denn jetzt erscheinen endlich die Früchte. Am Anfang ganz klein, ganz grün, häßlich und unscheinbar. Doch im Herbst, wenn der Garten nach und nach seinen Überfluß an Grün verliert, wird die «Liebe im Käfig» dicker, und die Beeren nehmen alle Farbnuancen der untergehenden Sonne an, werden zuerst gelblich, dann leuchtend warm orangefarben, manchmal zinnoberrot. Die Blätter überlassen den Beeren die Bühne, indem sie selbst zusammenschrumpfen und verwelken. Nun ist die so schöne Zeit der Riesenkürbisse und der Lampionblumen. Sie werden dick und rund, sie sammeln all ihre Kräfte und Farben, um den Winter noch eine Weile fernzuhalten.

Jetzt pflückt man die Lampionblumen. Ein ganzer Berg ihrer Lampions hat nur das Gewicht des Windes, wie Luftschlangen aus Papier. Im ersten Jahr habe ich sie so, wie sie waren, zu Sträußen gebunden und getrocknet, ohne die restlichen Blätter abzunehmen. Die verfaulenden Blätter klebten sich an die Blütenkelche, zerrissen und verschmutzten sie. Ein wahres Gemetzel.

Seitdem befreie ich sie von den Blättern und pflücke auch nur nach und nach die besonders roten Lampions. Die Blumen färben sich von unten nach oben, vom Boden zur Spitze, und die oberen Blütenkelche zuletzt. Der Lampion ganz oben färbt sich langsamer als die anderen. Manchmal knipse ich ihn ab. Ist es wirklich notwendig, die Lampionblumen zu trocknen? Wäre es nicht gescheiter, abzuwarten, bis alle Blätter abgefallen und sie auf dem Stengel getrocknet sind? Ich habe es versucht, aber das Ergebnis war auch nicht das beste. Wartet man zu lange mit dem Pflücken, so verzehren die Lampions sich vor Ungeduld und lassen nur noch einen Schleier aus braunen Adern übrig, ein Netz, durch das man die kleine, runde Frucht beinahe nackt sieht. Das hat ihnen den Spitznamen «Kirschen im Hemd» eingetragen.

Man nennt sie auch «Kokeriko». Ich habe keine Erklärung dafür finden können, ich amüsiere mich mit Vermutungen. Wäre es möglich, daß die diskrete Eleganz meiner Lampionblumen sich mit dem vulgären Hochmut eines Hahnenkammes vergleichen ließe?

Im Winter spielt meine Katze mit den Sträußen. Die kleinen Lampions, die beim sanftesten Tatzenschlag hin- und herschaukeln und manchmal herunterfallen, flüstern ihr vielleicht zu, daß der Frühling wiederkommen wird.

Ringelblumen

Bei uns in Frankreich werden die Ringelblumen auch *souci* genannt, «Sorgen», und dieser Name hat mich lange beschäftigt. Der offizielle Name «Calendula» erinnerte mich nur an eine vage Verwandtschaft mit «Kalender». Er soll sich tatsächlich aus dem lateinischen Wort *calendae* ableiten, dem ersten Tag des Monates bei den alten Römern; aber meine Calendula blühen und blühen monatelang, zumindest während der Sommermonate.

Ich dachte, Ringelblumen wären immer gelb, aber meine sind leuchtend orangefarben, beinahe glänzend und so fröhlich, daß die armen blassen Blümchen, die so unvorsichtig waren, gleich neben ihnen zu wachsen, noch unscheinbarer wirken. Ich mag ihre einfache Art, die an ein glückliches Bauernmädchen erinnert, ihre Robustheit. Eine einzige Pflanze als Anfang, und schon ist ein Beet da, eine Kolonie breitet sich voll Euphorie aus. Weder Kälte noch Trockenheit, weder schlechte Pflege noch Vergeßlichkeit bringen sie um.

Die weichen, beinahe wie in Flaum gehüllten Stiele bedecken sich von oben bis unten mit Knospen, die schön ordentlich der Reihe nach aufblühen. In einem Jahr haben sie sich derartig ausgesät und vermehrt, daß ihre Fandarole bis zwischen die Pflastersteine auf dem Weg reichte. Ich habe ein paar herausgerissen und sie nachlässig auf einen Haufen Unkraut geworfen.

Bald danach fing dieser kleine Kompostberg an zu grünen und auszuschlagen, und dann war er mit überschwenglich blühenden Ringelblumen bedeckt. Sie waren noch schöner als zuvor, sicher vor Vergnügen über ihren Streich. Sie reisen so gerne, sie tun so gerne, als würden sie an einer Stelle verschwinden, nur um an einer anderen wieder aufzutauchen, daß ich regelmäßig neue Sprößlinge zehn oder fünfzehn Meter von ihrem ursprünglichen Standort entfernt wiederfinde, und sogar noch im Gemüsegarten. Die Ringelblumen haben recht: Dort ist der Boden viel besser.

Ich hatte eine einzige kleine Pflanze ohne Überzeugung und Sympathie in einem noch verwilderten, steinigen und trübsinnigen Winkel des Gartens eingesetzt. Ein Mißtrauen, an dem großes Unwissen schuld war. Diese eine Pflanze hat eines der leuchtendsten und hübschesten Beete hervorgebracht, das man sich vorstellen kann. Doch trotz ihrer gutmütigen Robustheit läßt die Ringelblume sich nicht berühren, ohne zu protestieren.

Ihr Duft erinnert an Geranien oder Tomatenblätter und stößt mich ein wenig ab. Und fürs Abschneiden rächt sie sich, indem sie die mörderischen Hände mit einer bösartigen Milch bekleckert, die sich in gelbe und später braune und schwarze Flecken verwandelt. Die Ringelblume schätzt es nicht, gepflückt zu werden.

Sie soll aus den Mittelmeerländern stammen, oder aus Südosteuropa. Sie war schon immer willkommen in den Gärten; Tee aus ihren Blüten hilft gegen Krämpfe und Übelkeit, die Blätter heilen kleine Schnittwunden, und ihre ätherischen Öle und Bitterstoffe werden in verschiedenen homöopathischen Medikamenten verwendet. Warzen soll sie auch vertreiben. Mit all diesen guten Eigenschaften ist die Calendula neben dem Löwenzahn eine der nützlichsten Gartenblumen.

Die Ringelblume zeigt auch keinerlei Agressivität anderen Pflanzen gegenüber; sie ist ganz im Gegenteil eine sehr nützliche Nachbarin. Ihr Duft, der mich abstößt, ekelt auch manche Insekten. Ihre Nachbarschaft stärkt die Tomatenstöcke, die durch sie widerstandsfähiger werden und größere Früchte tragen.

Ich würde gerne einmal im Morgengrauen ein Gespräch zwischen meinen Tomaten und den Ringelblumen belauschen, wie sie ihre gemeinsame Verteidigungsstrategie für den Tag beraten. In diesem Jahr habe ich sehr hübsche Indische Ringelblumen zwischen die Tomatenstöcke gepflanzt, abwechselnd rot und gelb. Die Tomaten strotzen vor Gesundheit, und die Blumen schauen prächtig aus. Ringelblumen sollen auch ein großartiges Mittel sein, um Kartoffelpflanzen vor Wurmbefall und anderen Schädlingen zu bewahren. Und dann nennt man sie *soucis*, Sorgen …

Dieser abscheuliche Name ist aus einem Irrtum entstanden, das hätte ich mir gleich denken sollen. *Soucis* leitet sich vom lateinischen *solsequia* her, zu deutsch: «das dem Lauf der Sonne folgt». Also! Die Ringelblume saugt ihre Farbe und ihre Vitalität ohne Zweifel unablässig aus der Sonne selbst. Sie hat ganz recht gehabt, den schattigen Winkel zu verlassen, in den ich sie dummerweise verbannt hatte.

Lupinen

Die Lupinen tragen den Familiennamen «Schmetterlingsblütler». Ich muß gestehen, daß ich eine Ähnlichkeit mit Schmetterlingsflügeln noch nicht entdeckt habe. Die kleinen Blümchen auf den Blütenständen gleichen eher Erbsenblüten, winzigen gewölbten, begierig klaffenden Perlmuttmuscheln, bei denen man nicht genau weiß, ob sie noch zögern, sich zu öffnen, oder ob sie sich gerade wieder geschlossen haben.

Lupinen legen all ihre Feinheit in die Färbung. Ist es ihre steife Form, die sie in den Verdacht bringt, einen kleinbürgerlichen Geschmack zu haben, streng und ohne Phantasie? Von weitem sehr schön, wenn sie sich gegenseitig in allen Schattierungen von Blau, Scharlachrot, Feuerfarben und Cremeweiß zur Geltung bringen, haben sie, aus der Nähe betrachtet, etwas Trauriges und Starres an sich, wie Wesen ohne Liebe. Man könnte meinen, daß sie, ganz mit der Zerbrechlichkeit ihres Aufputzes beschäftigt, nichts mehr erwarten. Sie achten aus Gewohnheit darauf, daß ihr gelungenes Make-up nicht zerläuft. Alles Poetische liegt hinter ihnen. Sie blühen nicht auf, sie recken sich wie Pilze mit einem spitzen Hut, wie buntscheckige Auswüchse.

Ihre Silhouette gleicht einer für den Sonntag feingemachten, nicht besonders gescheiten Bohnenstange, so eine von der Sorte, die Mauerblümchen bleibt, aber die Lupinen machen mich trotzdem ein bißchen neugierig – wenn auch nur wegen ihrer Zugehörigkeit zu den Schmetterlingsblütlern. Vielleicht sind sie bloß eine ziemlich degenerierte Ziergvariante irgendeiner Erbsenart. Die völlig nutzlosen Letzten ihres Stammes. Ich habe eines Tages Lupinenmehl entdeckt, ein gebliches, grobes Mehl, nicht besonders appetitlich, eher ein Mehl für Rüsselkäfer und Kornwürmer. Die alten Ägypter bauten Lupinen nur wegen der Samen an, die sie in Salzwasser gekocht aßen. Obwohl sie in dichtbesetzten Schoten wachsen, scheinen mir die Samen meiner Lupinen viel zu klein, um ein nahrhaftes Gericht zu liefern. In Italien baut man weiße Lupinen als Grünfutter für die Schafe an, und die Ochsen bekommen die Samen. Diese Lupinenart gedeiht sehr gut auf kargem Boden und verbessert ihn sogar, weil sie ausgezeichneten Dünger liefert.

In Deutschland spielt die gelbe Lupine, die widerstandsfähiger gegen Kälte ist, die gleiche Rolle. Ich vermute, daß meine Lupinen einfach deshalb so mürrisch, verschlossen und nicht besonders gescheit dreinschauen, weil sie ihren Daseinszweck verloren haben. Sie langweilen sich.

Wären da nicht die lauten Farben, man würde sie glatt vergessen, die Lupinen. Sie verlangen überhaupt keine Pflege, bloß ein bißchen Respekt, um den ganzen Sommer lang zu blühen. Sie brauchen keinen guten Boden, keine Bewässerung, kein Schneiden, Stutzen oder sonst irgendwas. Sie säen sich spontan und mit bewundernswerter Großzügigkeit aus. Sie durch Ableger zu vermehren erspart einem unerwünschte Überraschungen, denn wenn der Samen aus einem bunten Beet stammt, geraten die Farben unweigerlich durcheinander.

So habe ich einmal Samen von, wie ich glaubte, dunkelroten Lupinen aufbewahrt und im nächsten Jahr wieder ausgesät. Sie keimten, die Lupinen wuchsen und blühten: alle weiß, so weiß wie schmutziger Schnee. Ohne Zweifel habe ich mich da irgendwie geirrt. Oder haben die Samen ihre Farbe verloren, als sie durch meine Hände gingen, des einzigen Daseinszweckes beraubt, der ihnen geblieben war? Vielleicht nennt man sie Schmetterlingsblütler, weil auch Schmetterlingsflügel die Farbe verlieren, wenn man sie berührt.

Ich habe die Versuche mit den Samen eingestellt. Ich warte, bis ich ein Gewächshaus habe und älter geworden bin. Das Alter ist die richtige Zeit, um sich dem Lebensrhythmus der Lupinen anzupassen.

Meine Clematis

Meine Clematis wird bald acht Jahre alt. In ein paar Tagen wird sie anfangen zu blühen. Massen von Knospen weisen schnurgerade gen Himmel mit ihren seltsamen länglichen (unten etwas dickeren) Tränen von so zartem Grün, daß es durchsichtig zu sein scheint, und einem Relief von dicken Adern. Knospen wie eine geschlossene Hand, mit fadenförmigen Fingern, die sich nach und nach öffnen werden wie zu einer Bitte. Meine Clematis bedeckt jetzt beinahe die ganze Mauer, zerzaust, hingerissen von sich selbst und ihren vielen Ranken, welche die flachen Blumen zu einem unfaßbaren Gewebe knüpfen, flechten und verflechten.

Sie hat drei ganze Jahre gebraucht, um sich einzugewöhnen, zu treiben, zu knospen und endlich zu gedeihen. Drei Jahre lang hat sie sich bitten lassen. Zuerst nur eine Ranke, eine einzige, der Form halber, die nicht einmal Anstalten machte, sich aufzurichten und wie erstickt gleich wieder zusammenfiel. Dabei hatte ich sie doch genau nach den Anweisungen im Gartenbuch eingepflanzt: «die Füße im Schatten und den Kopf in der Sonne». Eine seltsame Verrenkung, von Anfang an zweifelhaft, und nur zu verwirklichen, indem man den Boden zu Füßen der Pflanze mit einem Tontopf beschattet. Von Katzen, Vögeln und Mäusen besucht, beliebte Zuflucht

sämtlicher Schnecken mit und ohne Haus und aller Ohrkneifer, fiel dieser Tontopf ständig um. Und meine Clematis kümmerte weiter so dahin, die Mauer blieb nackt und grau. Bis zu dem Tag, an dem eine Nachbarin, Besitzerin einer völlig clematisierten Hausfassade und von meinem Lamento gerührt, mir den Rat gab, unter der Clematis eine bodendeckende Pflanze einzusetzen, und mir von der ihren ungefähr so viel herausstach, wie in ein Taschentuch paßt.

Ich habe das Pflänzchen aus Pflichtbewußtsein oder aus Dankbarkeit eingegraben, ohne recht daran zu glauben. Seitdem breitet sich dieses Blumenkissen aus, und meine Clematis, höchst zufrieden mit ihrer Fußdecke, wächst und wächst und bekommt immer mehr meterlange Ranken. Ich habe ihr da nicht nur den nötigen Schatten für ihre empfindlichen Füße verschafft, sondern vor allem eine Gefährtin, mit der sie sich gut verträgt. Sie langweilt sich nicht mehr, meine Clematis, sie unterhält sich, sie bringt Blätter und Blüten hervor wie ein pausenloses Geplauder, einen Schwatz ohne Anfang und Ende. Sie verwickelt sich.

Die Clematis betont ihre Rede mit unglaublichen Knoten, wie es ihrer Laune gerade einfällt. Das sind keine Wickelranken, die sie in den Wind wirft, um den nächstbesten Halt zu erwischen, sondern regelrechte Korkenzieher. Fasziniert von ihrer ganz neuen Vitalität, habe ich mich zuerst nicht getraut, mich einzumischen, und sie nach ihrer Phantasie wachsen lassen.

Diabolische Phantasie. Die von Natur aus Weitschweifige hat sich zusammengekauert, eingerollt, sich um sich selbst hin- und hergedreht, sich aufgeschichtet und ist in der gleichen Ecke geblieben. Wie alle Kletterpflanzen braucht die Clematis Stütze und Disziplin. Sie hat einen unsteten Charakter, darin liegt ihr Charme, aber auf einmal wächst sie drauflos, egal wie, egal wohin. Anstatt sich zu strecken, um die Sonne und den Platz zu nutzen, duckt sie sich, legt sie sich wie zu Bündeln, vergeudet ihre Flechtarbeit in Schlamperei. Sie schafft sich gern ein Gewühl, die Clematis, wie eine Katze, die ein Wollknäuel abgewickelt hat und dann alles zusammenscharrt, damit es vielleicht doch so ausschaut, als ob sie's nicht gewesen sei.

Ich habe also versucht, an manchen Stellen das Gewirr zu entflechten, um es besser an der Mauer zu verteilen. Eine Arbeit wie Spitzenklöppeln. Meine Clematis verheddert ihre Knoten stramm zwischen drei Blättern, drei Stielen, und macht es so praktisch unmöglich, eine Ranke herauszuziehen, ohne die andere abzubrechen. Die Ranken, die so biegsam, so geschmeidig ausschauen, sind in Wirklichkeit, genau wie Glyzinenranken, sehr empfindlich und zerbrechlich, was erstaunlich scheint, wenn man weiß, daß sie in der Korbmacherei verwendet werden und man sogar Pfeifenröhren daraus schneidet. Aber vielleicht erfordert diese Sorte Clematis eine andere Aufzucht.

Meine Clematis ist jetzt ganz Lächeln und trägt große, flache Blüten, vom Frühling bis in den Herbst. Die Schöne stammt aus Japan: sie hat sich etwas von ihrer Herkunft bewahrt in der Einfachheit ihrer Blütenblätter, im zarten Pinselstrich der Farben wie schimmernde Schatten. Sie trägt ihr Rosa-Malven-Violett auf cremeweißem Grund. Ich binde sie jetzt immer vorsichtig fest, und ich habe gelernt, sie zu schneiden. Entmutigt von ihren Rankenschlangen, habe ich sie vor zwei Jahren einmal gründlich gestutzt; sie hat dadurch nur einen um so heftigeren Drang entwickelt, sich durchzusetzen.

Seit sie mit ihrer Bodenpflanze zusammenlebt, fordert sie weder Bewässerung im Sommer noch Schutz im Winter. Nachdem sie einmal beschlossen hat zu gedeihen, ist sie durch nichts mehr aufzuhalten und beweist verblüffende Vitalität.

Meine Clematis hat inzwischen die ganze Mauer in Besitz genommen und schielt schon darüber hinaus. Auf halber Höhe bildet eine Spalierlatte so etwas wie einen Wehrgang, den die Katzen benutzen. Um Fauna wie Flora zufriedenzustellen, habe ich diese Stütze mit einem Stück gewölbtem Maschendraht versehen.

Völlig von Clematis eingehüllt, ist daraus ein hübscher kleiner Tunnel aus Blüten geworden. Die Katzen lieben ihn. Mit ihrer unverbesserlichen Manie, an den Türen zu lauschen, ziehen sie sich oft dahin zurück, um sich an dem Klatsch zu delektieren, den meine Pflanzen verbreiten – vor allem die törichte Clematis.

Pfingstrosen

Zu meinen ersten Pflanzungen gehörte auch eine Staude Pfingstrosen. Die Üppigkeit dieser stattlichen Blumen, die mit Anmut immer schwerer werden und sich neigen, ihr wie ein Kinderreigen geschwungenes Bukett erfreut mich. Sie brechen nicht, und sie sinken nicht herunter. Ihre Stengel runden sich und nehmen die Silhouette eines Reifrockes an. Sie bekommen dicke, runde Knospen.

Meine Pfingstrose ließ sich reichlich Zeit, bis sie mir ihr erstes Lächeln schenkte. Sie brauchte Jahre, bis sie richtig schön und füllig wurde. Lange blieb sie mager, knauserig und geizig mit ihren Blüten. Hatte ich sie schlecht eingepflanzt? Zu sehr in der Sonne oder zu sehr im Schatten? Warum schmollte sie, bekam sie nicht genug Wasser, nicht genug Wärme? Vielleicht fühlte sie sich von der Nachbarschaft des Trauer-Maulbeerbaumes belästigt? Der Boden an dieser Stelle des Gartens ist nicht besonders gut. Ich hätte tiefer graben sollen, sie in einen riesigen Ballen Humus einpacken. Um das gutzumachen, habe ich gehackt und gejätet und ihr ein paar Schaufeln Kompost zukommen lassen.

Kurz, ich sah, wie die Pfingstrosen in den Nachbargärten eine Blume nach der anderen aufblähten, während die meine irgendwie verkniffen und verächtlich dreinschaute und mich ihre Blüten an den Fingern einer Hand abzählen ließ. Eine Unterschlagung von Blüten und Stielen war das, was sie mir da antat. Doch drei oder vier Jahre später, als ich mich schon längst nicht mehr für sie interessierte, begann sie ohne ersichtlichen Grund zu wachsen, ihren Rhythmus zu finden.

Damals wußte ich noch nichts von der extremen Langsamkeit, mit der die Pfingstrose wächst. Beinahe zwei Jahre, um zu keimen, sieben Jahre bis zur ersten Blüte. Will man sie pfropfen, so muß man noch einmal sieben Jahre warten. Eine Pflanze für Gartenkünstler, ebenso wie einst für Kräutersammler. Denn so dekorativ sie auch ist, die Pfingstrose kann auf Zeiten des Ruhmes in der Medizin zurückblicken.

Man verwendete Wurzeln und Blüten gegen Keuchhusten, Epilepsie und nervöse Erregbarkeit. Schwierig zu wissen, ob dieser gute Ruf als Beruhigungsmittel auf echter Wirksamkeit beruhte oder nur auf dem gesunden Aussehen der Pflanze: Es genügt, sie zu betrachten, um sich zu entspannen. Vor allem, wenn sie blüht.

Meine Pfingstrose und ich leben jetzt in Harmonie. Im Frühling überrascht es mich nicht mehr, wie sich ihre kleinen rosig schimmernden Anschwellungen zuerst steif hochrecken, ehe sie grünen und sich für die Blüte geschmeidig machen. Jedes Jahr werden die Stiele zahlreicher, und ich habe die Zeit vergessen, als ich sie nachzählte. Was mich noch verwundert, das ist die seltsame Anziehungskraft dieser Pflanze auf Ameisen. Ständig klettern auf allen Stielen welche bis auf die Blüten hinauf. Was machen sie dort bloß, die Ameisen? Vielleicht erzählen sie ihnen leise von den Freuden eines Spaziergangs. Sind sie versessen auf ihren Duft? Oder kommen sie, so wie ich, nur einfach einmal eben vorbei, um nachzuschauen, ob die Pfingstrosen bald aufblühen werden?

Gladiolen

In meinem Garten wird die Zeit am Raum gemessen. Jene Pflanzen, die unverändert so lange auf der gleichen Fläche wachsen, haben kein Alter, gemessen an denen, die von Jahr zu Jahr größer werden, sich immer mehr ausbreiten, immer mehr Platz beanspruchen und ihren Nachbarn welchen abknapsen.

Ich liebe Pflanzen, die wuchern, überschwengliche Pflanzen; Pflanzen, die lachen, einfach weil sie blühen, und die an einem anderen Tag weinen; Pflanzen, die durcheinanderwachsen, die Phantasie haben, die ein bißchen verrückt sind oder zerstreut; Pflanzen, die bloß verlangen, daß man sie in Ruhe läßt, und sonst gar nichts; Pflanzen, die sich eines schönen Tages irgendeine Krankheit einfangen und dann plötzlich wieder vor Gesundheit strotzen. Aber Gladiolen, die sehen immer bloß aus, als ob sie nur Nabelschau halten würden.

Ich habe den Charme von Gladiolen noch immer nicht entdeckt, ich bin völlig unempfänglich dafür. Ich gestehe sogar: Gladiolen gehen mir auf die Nerven. Sie gehören zu den Blumen, die ich in einem Garten so fehl am Platze finde, wie sie in einem Blumenladen angebracht sein mögen. Es sind steife lange Latten von tödlicher Monotonie, und deshalb langweilen Gladiolen mich.

Die einzige Überraschung, die man von ihnen erwarten kann, ist ihre Größe. Eine Zwiebel wird eingesetzt, eine Gladiole wächst, blüht und verwelkt fast sofort. Das war's. Es sind Blumen ohne Torheiten. Ihr strikt geregeltes Leben ist nicht mehr als ein Vorzeichen des Todes.

Gladiolen sind Blumen fürs Dekor, für Ornamente. Schon ihre Struktur imitiert die überladenen Ausstattungen des Rokoko, erinnert an geschmacklos mit Nippes vollgestopfte Salons. Sogar ihr Schaft gleicht einem Nippes mit Plastikblüten. Obendrein legen Gladiolen es darauf an, einen mit ihren Ansprüchen zu schikanieren. Unfähig, sich selbst zu genügen, sich allein und ohne Hilfe aufrecht zu halten, erwarten sie, daß man sie stützt, jede einzeln natürlich. Eine Gladiole, ein Stab, eine Gladiole, ein Stab, und so weiter. Eine Lösung ist, sie im Kreis zu pflanzen, mit einer einzigen Stütze in der Mitte.

Vom ästhetischen Standpunkt her gefällt mir das Resultat nicht. Die Gladiolen stehen dann zu dicht beieinander, ersticken sich gegenseitig, fordern ihren Lebensraum und bringen es sowieso immer fertig, sich auf die eine oder andere Seite zu neigen und die ganze Gesellschaft hinter sich herzuziehen. Besessene Gärtner können sich die Zeit damit vertreiben, Gladiolen zu verschönern, indem sie ihnen die alleroberste kleine Knospe herausreißen. Angeblich «profitieren» die Gladiolen davon; aber das nutzt auch nichts, sie bleiben genauso häßlich.

Gladiolen werden im Frühjahr gepflanzt, im Herbst herausgerissen, verlangen für ihre Zwiebeln Säuberung und Pflege und Unterkunft für den Winter. Noch eine elende Arbeit. Ich kann Gladiolen ganz entschieden nicht leiden.

Diese zerbrechlichen Idioten sollen aus Südafrika, vom Kap stammen. Vielleicht wirken sie dort viel hübscher, weniger deplaciert als hier. Sie hätten dort bleiben sollen. Der Beweis, daß sie irgendwie nicht zu uns passen und sich in unsere Gärten nicht einfügen, liegt darin, daß man ihnen, soviel ich weiß, keinen einzigen volkstümlichen zweiten Namen gegeben hat.

Was meine Gladiolen angeht, so wäre ich sie auf jeden Fall gerne losgeworden. Das Problem war nur: Die ersten Zwiebeln hat man mir geschenkt, und ich habe immer die allergrößten Hemmungen, eine Pflanze wegzuwerfen. Also habe ich die Zwiebeln jedes Jahr wieder eingesetzt. Bis zu diesem Jahr, wo ich endlich die Courage aufgebracht habe, einen Frevel zu begehen, der einem Meuchelmord gleicht. In diesem Herbst habe ich so getan, als sähe ich die Gladiolen nicht. Kleine Vergeßlichkeit. Sie werden an der Kälte eingehen, die einfältigen Dinger.

Maulwürfe und Wühlmäuse

Manchmal verschwinden meine Pflanzen auf geheimnisvolle Weise, wie von unterirdischen Mächten verschlungen oder über Nacht von irgendeinem schädlichen Lebewesen hinweggerafft. So habe ich erlebt, wie Artischocken sich gleichsam auflösten, alle gleichzeitig und von einem Tag auf den anderen. Eine Rhabarberstaude, die kräftig wuchs, fiel mit einem Schlag auseinander und begann zu faulen; die nächste Staude, mit der ich sie ersetzen wollte, erlitt das gleiche Schicksal. Manchmal werden die Mörder in flagranti erwischt. Die Maulwürfe, zum Beispiel, sind so ehrlich, ihre Untaten zu signieren.

Die Maulwürfe in meinem Garten, zu Beginn weder Freund noch Feind, weder angelockt noch verjagt, bleiben mir ein Rätsel. Im ersten Jahr, als das Grundstück noch Brachland war, machten sich die Maulwürfe ein schadenfrohes Vergnügen daraus, jedes mühsam umgegrabene neue Beet zu besetzen und den Boden zu Buckeln aufzuwerfen. Ich ging mit dem Rechen darüber, doch das schien die Maulwürfe nur anzuspornen, sie fingen wieder von vorne an und produzierten immer mehr Hügel. Wollten sie

Krieg? Ich rächte mich, indem ich meinerseits ihre Arbeit ausnutzte. Die Erde von Maulwurfshügeln ist so fein und locker wie frisch gesiebt und ausgezeichnet für Aussaaten. Allerdings muß man zuerst die Scherben von zerbrochenen Dachziegeln und Glas herausklauben, welche die Maulwürfe an die Oberfläche schaffen. Wie zum Teufel bringen sie es fertig, sich daran nicht die Pfoten zu zerschneiden? Ich habe niemals Blutspuren auf diesen Scherben gefunden. Eine der zahlreichen Torturen, die man erfunden hat, um Maulwürfe auszurotten, besteht darin, die Eingänge zu ihren Röhren mit Glasscherben zu verstopfen. Meine Maulwürfe müssen Superexemplare mit Handschuhen und Rüstungen sein, einfach nicht umzubringen.

Kurz, meine jungen, zarten und gehätschelten Pflanzen welkten oft unter den Angriffen der Maulwürfe dahin, die bei ihrer Wühlarbeit die Wurzeln beschädigten. Die Katzen halfen mir überhaupt nicht, nur selten einmal schleppten sie ein Maulwurfsjunges an, um mir etwas vorzumachen, wenn sie von der erfolglosen Jagd auf Feldmäuse heimkamen. Die Maulwurfsröhren unter Wasser zu setzen und in Morast zu verwandeln nutzte auch nichts, denn das schadete ebenso den Pflanzen. Dann fiel mir etwas ein: Maulwürfe inspizieren ihre Jagdröhren jeden Tag, immer um die gleiche Zeit. Eines Tages bemerkte ich so gegen fünf Uhr nachmittags, wie ein Maulwurfshügel sich bewegte. Am nächsten Tag war ich um halb fünf dort, die Hacke in der Hand, wartete, ohne mich zu rühren, doch ziemlich skeptisch. Aber der Maulwurf war nicht so vorsichtig, wie ich dachte. Der Hügel begann zu beben, und ich, ich schlug mit der Hacke zu. Blindlings und gemein. Ich holte den toten Maulwurf heraus; er war noch ganz warm und weich und so hübsch, so hübsch mit seinem zarten, glänzenden, schwarzen Fell. So unschuldig wie ein seidiges kleines Kuscheltier. Der Ekel über diesen Totschlag erfüllt mich noch immer.

Ich habe jeden Gedanken an Fallen oder Tötungen aufgegeben, überlasse den Katzen das Vergnügen an solchen Grausamkeiten und begnüge mich damit, die Maulwurfshügel geduldig wegzuschaufeln, sobald welche auftauchen. Letztendlich ist der Schaden doch nur gering. In einigen Ländern steht der Maulwurf unter Schutz, also scheint er doch ein eher nützliches Tier zu sein. Er ernährt sich nur von Insekten und Würmern und befreit den Garten von zahllosen Schädlingen, die ich tief im Boden gar nicht aufstöbern könnte.

Ich habe also wohl oder übel mit meinen Maulwürfen gelebt, bis ich in einer Gärtnerei eine angebliche «Anti-Maulwurf-Pflanze» entdeckte. Da-

mit sie wirkte, hätte man alle fünf Meter eine Pflanze einsetzen müssen, aber der Verkäufer versicherte mir, die Pflanzen würden sehr schnell einen stattlichen Umfang annehmen und sich aussäen. Ihre Wurzeln strömten einen derartig abstoßenden Geruch aus, daß er alle Maulwürfe mitsamt Familien unverzüglich in die Flucht schlage. Ich habe aus Neugierde ein Dutzend Setzlinge gekauft und sie wohlüberlegt im Gemüsegarten und in den besonders heimgesuchten Blumenbeeten verteilt. Mein wunderbarer Fund war in Wirklichkeit bloß eine *Euphorbia*, ein ganz gewöhnliches Wolfsmilchgewächs, das ich später in irgendeinem Handbuch wiedererkannte. Und ein ausgesprochen gieriger Feind.

Schon im nächsten Jahr hatte sich das Gewächs um das Drei- bis Vierfache vermehrt. Es wächst sehr methodisch zuerst nur bis über einen Meter in die Höhe und entwickelt dabei sparsam lange, harte und beinahe blaue Blätter. Dann breitet es seine Spitze wie einen breiten Sonnenschirm aus, ebenfalls mit einem guten Meter Durchmesser. Zum Schluß bekommt es Samen und verstreut sie wie in einem Trommelfeuer. Eines Tages, als ich verwelkte Rosen abschnitt, hörte ich ein trockenes Knacken, das sich wiederholte. Ein paarmal spürte ich einen kleinen Stich in der Wange. Vielleicht ein gereiztes Insekt, dachte ich, bis ich merkte, woher das komische Geräusch kam: die Anti-Maulwurf-Pflanzen verschossen ihre Samenreserven wie Schrot in einem Umkreis von ein paar Metern. Es sind sehr aggressive

Pflanzen, und ich fürchte, ich muß auch meinerseits ein wenig aggressiver werden. Die Anti-Maulwurf-Pflanzen der zweiten und dritten Generation wachsen inzwischen so ziemlich überall im Garten als einsame Vorposten oder gleich reihenweise als Kompanien. Ich habe sie in einem verlassenen kleinen Garten in der Nachbarschaft entdeckt, unumstrittene Herrscher über das ganze Terrain. Sie begnügen sich nicht damit, meinen Garten zu erobern, sie sind auch noch tückisch und sondern einen brennenden Saft ab.

Was die Maulwürfe angeht, so sehe ich praktisch keine mehr, das stimmt. Aber das kann auch daran liegen, daß der Garten mit jedem Jahr an Gleichgewicht gewinnt, an einer gewissen Gelassenheit. Das große Chaos des Anfangs, die Hast und die Aufregungen sind vorbei; jetzt werden die Marienkäfer immer zahlreicher, und Vögel und Wildpflanzen wie Klatschmohn oder Königskerzen lassen sich nieder oder kehren zurück. Fauna und Flora fürchten jeden Exzeß. Mit einem Stück Brachland voll Brennesseln, Dornenranken und Steinen hat es begonnen. Ein unwirtlicher Ort. Dann ist die Stätte allmählich freundlicher und einladender geworden. Sogar die Schädlinge und die Pflanzenkrankheiten scheinen weniger angriffslustig zu sein. Meinerseits nehme ich sie leichter hin; ich versuche, eher zu lenken als zu zwingen. Manchmal erfreut mich das Ergebnis, manchmal gibt es große Enttäuschungen. Mir fehlt die Erfahrung von Generationen.

Die Maulwurfshügel haben sich rar gemacht. Mal einer hier, einer dort, nichts, was großangelegte Verteidigungsmaßnahmen rechtfertigen könnte. Ich empfinde jetzt Sympathie für die Maulwürfe, verbunden mit leichter Belustigung. Inzwischen hat sich das Problem auf die Wühlmäuse verlagert.

Man sagt, Wühlmäuse würden manchmal die Jagdröhren der Maulwürfe benutzen. Wahrscheinlich nur verlassene Gänge, denn man kann sich schlecht vorstellen, daß in diesen engen Gängen zwei verschiedene Tierarten ohne Verkehrspolizei und Vorfahrtsregeln zirkulieren. Die einen müssen die anderen verjagt und sich mit Gewalt eingenistet haben, die Wühlmäuse müssen die Maulwürfe mit der Energie von Hausbesetzern vertrieben haben. Was bedeuten würde, daß sich meine Anti-Maulwurf-Pflanzen als absolut wirkungslos erwiesen und nichts zum Verschwinden der Maulwürfe beigetragen haben. Aber vielleicht haben die Maulwürfe sich doch von den Pflanzen wegekeln lassen und den Mäusen einfach das Feld überlassen, die sich dann massenweise auf die verlassenen Röhren gestürzt haben. Was immer das Geheimnis ihres Einzuges sein mag, eines ist sicher: Den Wühlmäusen ist der Geruch der Pflanzen egal. Überhaupt, sind es wirklich Wühlmäuse?

Der Gartenboden wimmelt von Lebewesen, die so verschieden wie unbegreiflich sind. Die unteren Etagen sind überbevölkert. Die Lebewesen ergänzen sich, sie schaden sich, sie hausen nebeneinander. Winzige Raupen, Schnecken, rote Spinnen. Manche Tiere leben ständig dort, andere ziehen nur durch oder verstecken sich, bis sie ausgewachsen sind. Manche tauchen nur in der Rubrik «Schädlinge» für dies oder jenes auf, bleiben aber unsichtbar. Nicht zu reden von all den Würmern, Regenwürmer, Borstenwürmer, Drahtwürmer. Weiter oben hausen Tiere, die sich ebenfalls nicht zeigen, aber seßhaft sind, unentwegt wühlen, sich hemmungslos vermehren, sich überall breitmachen wie unterirdische Kolonisatoren und an der Oberfläche Spuren hinterlassen. Die Maulwürfe, natürlich, und vielleicht Ratten, und vor allem meine erklärten Feinde, die Mäuse, die einfach überall sind. Seit ich mit den Maulwürfen versöhnt bin, sind die Mäuse in meinen Augen an allem schuld.

Dieses Jahr haben sie verheerende Schäden angerichtet. Obendrein verrichten sie ihre Wühlarbeit auch noch heimlich, ohne daß man ihre Anwesenheit sofort bemerkt. Keine Fahnen, keine ehrlichen Maulwurfshügel, diese eigentlich sympathischen Anhäufungen aus feiner, krümeliger Erde, sondern ganze Beete voll dahinsiechendem Gemüse und unschuldigen Blumen, die in den letzten Zügen liegen, weil ihre Wurzeln in den unterirdischen Gängen baumeln.

Unter der Oberfläche ist der Boden überall durchlöchert wie ein Schweizer Käse. Bande von Heuchlern! Und sie vermehren sich fürchterlich. Das sind keine kinderreichen Familien mehr, das müssen mindestens Rudel sein, Horden, vielleicht ganze Völker.

Sie alle haben eine Vorliebe für die Wurzeln meiner Pflanzen, Blumen, Gemüse und Sträucher ohne Unterschied. Heimtückisch. Zunächst regt man sich nicht auf über diese kleinen Löcher, bei denen es rundum keinen sichtbaren Schaden gibt, keine aufgeworfene Erde, kein Anzeichen, daß sich eine kleine Katastrophe anbahnt. «Da schau, ein Loch ...» Und noch eines, fünfzig Zentimeter weiter noch eines. Die Löcher reihen sich wie eine punktierte Linie aneinander, wie eine Schrulle der Natur. Dann fällt einem auf, daß alle diese komischen Löcher, die so harmlos aussehen wie die Spuren eines Pikierholzes, vorzugsweise in feinem Boden auftauchen, in den Beeten, die man besonders liebevoll umgegraben, umgehackt, aufgelockert und gerecht und in denen man zum Beispiel Rosen gepflanzt hat.

Am Fuß des Rosenstockes stoße ich die Gabel leicht in den Boden, bloß so, um mal zu sondieren. Die Gabel versackt in einer Grotte, von der an der Oberfläche nicht mehr zu sehen ist als dieses kleine Luftloch. Welch freundliche Rücksichtnahme, diese Tarnung, die einem den psychologischen Schock erspart. Man müßte sich beherrschen können, seine Neugier zähmen. Denn jede weitere Untersuchung führt nur zur Verzweiflung. Das ganze Terrain ist unterminiert. Der Boden ist bloß noch Attrappe. Wenn Pflanzen dahinwelken, liegt es an Trockenheit oder Kälte oder an einer

Krankheit, lauter Ursachen, die man beheben kann. Aber nein, sie werden in schwindelnder Leere ohnmächtig.

Die Pflanzen haben keinen Halt mehr unter den Füßen. Die Wurzeln baumeln ins Leere wie Schinkenseiten von der Decke, Nahrung für die Mäuse, die hier ein Stück abnagen und dann dort, um sich für die Arbeit zu stärken. Alle Pflanzen müssen dran glauben, die Dahlien, die Tomaten, die Rosen, Erdbeeren, Kürbisse, Gurken, Lobelien, der Hibiskus, der Fingerhut ... einfach alle. Alle diese jungen zarten Pflanzen, die ich behütet und begossen habe, für die ich den Boden bereitet und das Unkraut ausgerissen habe.

Neben ihren anderen unverzeihlichen Fehlern sind die Wühlmäuse auch noch große Faulpelze. Ich weiß nicht, ob sie mit den Krallen oder mit ihren Nagezähnen graben, aber sie finden es offensichtlich zu mühsam, im trockenen, harten Boden neben den Beeten zu wühlen. Es ist für sie viel bequemer, nur in den Beeten zu graben, wo ich ihnen die Arbeit schon erleichtert habe. Und so werden sie in ihren gemütlichen Höhlen fett. Ich würde ihnen den Krieg erklären, wenn ich nur wüßte, welche Waffe ich wählen soll.

Mein Flieder

Bäume verleihen einem Garten seinen Charakter, seine Architektur. Säulen eines imaginären Raumes, ordnen sie ihn horizontal und vertikal, deuten unsichtbare Gewölbe an, heben sich wie durchlässige Hindernisse vor dem Himmel ab und ziehen eine irdische Spur daneben. Was sind menschliche Konstruktionen anders als die konkrete Verbindung der von den Bäumen angedeuteten Linien? Sogar tot behaupten sie noch ihren Platz, und ich kann mich nicht entschließen, sie zu fällen.

Mein Flieder stirbt. Dabei habe ich ihn doch zur richtigen Jahreszeit geschnitten. Aber die dicksten, die untersten und ältesten Zweige vertrocknen. Sie bedecken sich mit grauem, brüchigem Grind und bekommen weder Blätter noch Blüten. Vielleicht habe ich ihn beim Schneiden verletzt, obwohl ich doch sorgsam darauf geachtet habe, nur die häßlichen und schon kranken Zweige zu entfernen. Er stirbt, mein schöner Baum. Vor Kummer, durch Krankheit oder am Alter. Auch Bäume haben ein Alter, eine durchschnittliche Lebenserwartung für jede Art. Weil diese Lebensdauer die unsere überschreitet, halten wir die Bäume gerne für unsterblich. Wir glauben, für die Ewigkeit zu pflanzen.

Ich weiß nicht, welches Alter Flieder erreichen kann. Ich begehe den Fehler, ihn als Baum zu behandeln, obwohl er lieber als Busch lebt. Er muß die drakonische Art übelgenommen haben, mit der ich alle jungen Triebe abgeschnitten habe, die sich um den dicksten Stamm drängten. Flieder wächst in Büschen, bekommt im Schutz der älteren Triebe überall neue. Warum habe ich sie abgerissen? Eine derartig heftige Vermehrung bedeutet Eile, eine sehr kurze Lebensdauer. Eine Schwäche, irgendwo. Auch junge Pflaumenbäumchen wachsen so hastig und wahllos aus Kernen vom vergangenen Jahr oder sich wild ausbreitenden Wurzeln, lassen gerade Ruten sprießen, die es eilig haben zu wachsen und schwer herauszuziehen sind.

An meinem Flieder habe ich vor allem diese Zweige geliebt, die jetzt ganz grau und abgestorben sind und abgeschnitten werden müssen. Sehr lang und geschwungen, formten sie eine Art Horizont, folgten der Wölbung eines anderen Himmels. Sie begrenzten einen besonderen Platz, der zum Verweilen einlud, wenn im Frühling der Flieder blühte, und vor allem, wenn er zu welken begann. Dann verbreitete er einen noch durchdringenderen, gleichzeitig herben und süßen Duft. Beim geringsten Lufthauch, beim kleinsten Vogel, beim winzigsten Insekt rieselten die weißen Blütenblätter herab, die so winzig sind, daß sie eher Fragmenten von Blättchen gleichen. Sie blieben im Haar hängen, in der Kleidung, und der Rasen war wie verschneit. Jedes einzelne dieser Blütenblättchen ist eine Miniaturblüte. Dutzende, Hunderte bilden eine Dolde. Diese Überfülle verleiht ihnen Schwere, eine beinahe vulgäre Üppigkeit.

Die anderen, jüngeren Zweige recken sich unbeschwert und dünn in die Höhe, ganz stolz auf ihre Leichtigkeit, tragen noch keine Blüte und werden erst mit der Reife schwerer. Manche werden ebenfalls zu totem Holz werden. Aus Mitgefühl für die alten Zweige oder durch die gleiche Krankheit.

Den Platz, auf dem der Flieder wuchs, muß er sich selbst zurechtgemacht haben, so gut paßte er zu ihm. Er hat sich oben auf einem bescheidenen Hügelchen hübsch ausgebreitet, über einem kaum sichtbaren sanften Abhang. Seine Wurzeln haben den Boden angehoben, und die Wölbung des Bodens entsprach der Wölbung der Zweige wie ihr Schatten.

Auf der Erde zeichnete sich ein Oval ab, dem die Schritte instinktiv folgten. Ich hatte immer vor, diese Kontur durch einen Weg hervorzuheben. Eine autoritäre, künstliche, dumme und obendrein völlig überflüssige Markierung: Mein Flieder brauchte keinen Weg um ihn herum. Die Harmonie war vollkommen.

Ich spreche in der Vergangenheit. Aber die Harmonie ist noch immer da, und mein Flieder auch. Ich kann mich nicht entschließen, ihn zu entfernen, nicht einmal, die toten Zweige abzuschneiden. Ich werde ihm zuerst die Freiheit lassen, so wie er will als Busch, als Dickicht zu wachsen und so viele Triebe zu bekommen, wie er mag.

Ich werde die toten Zweige erst amputieren, wenn die jungen groß und stark und ausgewachsen sind und wenn sie, wie durch ein Wunder, die gleiche Form wie der alte Flieder angenommen haben. Ich weigere mich, hier eine kahle Stelle in meinem Garten zu dulden.

Sturm

Einmal ist im Herbst ein Sturm über meinen Garten hergefallen. Der Begriff «Sturm» belustigt mich. Er erinnert mich eher ans Meer, an Wellen so hoch wie Hügel, die sich rund und klatschend in der Finsternis über die aufgewühlte Wasserfläche wälzen.

Mein Garten ist weit weg vom Meer. Doch wie soll man es anders beschreiben? Von heftigem Wind zu sprechen bagatellisiert diesen hysterischen Anfall der Natur, ihre wilden Schreie, die Verwandlung der Lüfte in eine Meute kratzender, kreischender Katzen, besessen davon, alles zu zerstören. Wie bei Gewittern mischt sich die Besorgnis mit Aufregung, mit dem unterschwelligen Wunsch, die Katastrophe möge sich ereignen, ein gewaltiger Windstoß möge die Grenzen des Alltäglichen ein bißchen umblasen. Im Kampf gegen den Untergang entsteht die Gewißheit, daß das Leben existiert. Der kleinste Strauch klammert sich mit allen Wurzeln fest, läßt sich beuteln, ohne loszulassen.

Zudem regt sich auch ein Gefühl der Nutzlosigkeit, Ärger, weil man seine Kräfte nicht diesem Widerstand dort draußen anschließt, und bequemes Bedauern, daß man das Fortschreiten der Verwüstungen hinter dem Fenster beobachtet. Die riesige Tanne dort drüben schwankt hin und her und nimmt dabei einen unvermuteten Umfang an. Ob sie im ganzen umstürzt und dabei die elektrischen Leitungen zerreißt, die nicht dafür geschaffen sind, ein derartiges Gewicht aufzufangen? Der Baum ist so groß, daß sein Wipfel noch auf das Haus fallen würde. Oder wird er brechen wie ein Segelmast, mit zerschmetterter Spitze, in der richtigen Pose für ein Foto, das Zeugnis von dem Desaster ablegt?

Durch das Blickfeld segelt steif ein Stück Wellblech, in eine erbarmungslose Waffe verwandelt, stolz wie ein Luftschiff, ein fliegender Teppich der Elendsviertel. Ziegel rutschen vom Dach, zuerst nur einzelne, dann eine ganze Fläche. Geklirr wie von zerspringendem Geschirr. Ein Ehekrach zwischen Himmel und Erde. Vielleicht macht einer von beiden sich davon.

Dem Sturm folgt seltsame Stille, noch dumpf vor Zorn und Erschöpfung. Die Erde leckt ihre Wunden, zu betäubt, um sich zu beklagen. Man stellt eine Liste der Schäden auf. All diese kleinen Dinge, die sorgsam ausgebessert werden müssen, ein Flickwerk, um ein Gleichgewicht wiederherzustellen, das, wie man gerade gesehen hat, so zerbrechlich ist und doch so viel Arbeit erfordern wird. Der Sturm zertrümmert mit Bravour, mit gewaltiger Geste: ein großes Drama, geschrieben von einem großen Autor. Die Reparaturen dagegen werden strichweise gemacht, ganz klein und mühsam, schlechtes Gekritzel von mittelmäßigen Autoren, mit Draht, Leim, Nägeln, Hammer, ein Detail nach dem anderen, das viel Zeit erfordert. Junge Buschzweige neigen sich, als ob der Wind sie noch immer niederdrücken würde. Abgebrochene Äste baumeln in den Bäumen. Man muß sägen, aufrichten, stützen, festbinden. Neue Ziegel tupfen ein Muster auf die Dächer.

Hinten im Garten sind ein paar Bäume umgefallen, alte, gar nicht hohe Bäume, aber mit dicken, efeubewachsenen Stämmen. Ihre Wurzeln ragen in die Luft. Schockierend ist nicht so sehr der umgestürzte Baum, sondern die Kahlheit der Stelle, an der er stand. Der Platz ist geplündert, der Garten scheint geschwächt, verletzlich. Wie ein zu Tode Getroffener auf einer Bühne bei seinem Sturz einen Vorhang mitreißt, so haben die Bäume in ihrem Sturz den Boden aufgewühlt. Riesige Erdklumpen sind zwischen den Wurzeln eingeklemmt, solidarisch mit dieser vom Schwindel erfaßten Masse.

Es waren keine besonders schönen Bäume, nur alte Pflaumenbäume; hatte ich sie jemals richtig angeschaut? Beim Versuch, sie wegzuschaffen, zeigte sich, daß das Holz wurmstichig, die Wurzeln angefault waren. Sie wären sowieso gestorben. Aber sie wären aufrecht gestorben, langsam. Sie hätten sich aufgelöst, wären leichter und grauer geworden, hätten sich sanft in das Phantom eines Baumes verwandelt. Die Bäume haben mir ihre ganz eigenen und besonderen Horizontlinien gezogen, sie hatten ihren Platz in der Harmonie, die ich zu entwerfen glaubte.

Bäume sind in der Tat die Kardinalpunkte eines Geländes. Wenn auch nur ein einziger fehlt, gerät der ganze Garten aus dem Gleichgewicht, verliert seine Stützen.

Ein Baum hielt sich trotz seiner tödlichen Verwundung noch aufrecht. Aber der Boden um ihn herum war aufgerissen, aufgeworfen, umgewühlt, als wäre ein Riesenmaulwurf am Werk gewesen. Oder ein Erdbeben. Als ich den Boden betrachtete, habe ich begriffen, daß der Baum, obwohl aufrecht, nur noch wie ein Baum aussah, er war schon tot, restlos entwurzelt, und vielleicht nur noch von Spinnenfäden festgehalten.

Diese Bäume werden einer nach dem anderen durch junge ersetzt, durch empfindliche Setzlinge, die noch kaum Stämmchen sind und die man mit einer Hand umfassen kann; sie geben keinen Schatten, beherbergen keine Vögel und haben praktisch keine Blätter, die sie im Winter verlieren könnten. Wenn man sie pflanzt, tragen sie den Namen einer Spezies, der abstrakt und für den man ohne Zuneigung ist. Sie haben noch keine Geschichte, keine Erinnerungen, keine gefühlvollen Augenblicke, die man mit ihnen verbinden oder für sie erfinden kann, keinen eigenen Namen. Es braucht Jahrzehnte, wenn nicht Jahrhunderte, bis ein Baum wirklich ein richtiger Baum geworden ist und manchmal sogar zum Rang eines Schutzengels befördert wird.

Meine Bäume, meine entwurzelten, hatten nichts von Schutzengeln an sich. Sie drängten sich ganz hinten im Garten zusammen und waren ohne Zweifel aus einer früheren lebenden Hecke entstanden, die sehr lange keine Pflege bekommen hatte, aus ländlichem Gebüsch wie Holunder, Weißdorn, Haselnußsträuchern und Pflaumenbäumchen, deren Gezweig sich ineinander verheddert oder geduldig miteinander verflochten hatte. Überläßt man Büsche ganz sich selbst, dann schießen sie in die Höhe und werden Bäume; manche gehen auch ein, werden kahl oder säen sich ein

Stückchen weiter weg aus, vorne oder hinten, ihre Schößlinge lösen die ursprüngliche Reihe auf und fabrizieren eine Generation wilder, mit Efeu bedeckter Stämmchen, die in ihrer Unordnung glücklich gedeihen.

Das ist nun vorbei. Es sind noch ein paar übrig, aber jetzt finde ich sie ziemlich häßlich, und sie stehen zu weit auseinander. Und ich traue ihnen nicht mehr: Ich habe sie im Verdacht, daß sie ihre Wurzeln auch schon still und heimlich verfaulen lassen. Ich werde unter die neuen Büsche Weißdorn mischen und wieder eine Hecke für die Vögel anpflanzen.

Träume von Bäumen

Lange Zeit habe ich gezögert, einen Baum mit langer Lebenserwartung zu pflanzen, einen künftigen Hundertjährigen. Ich träumte von einem Riesen, von einer gewaltigen Ulme oder einem Nußbaum. Aber wenn sie einmal groß sind, verdecken solche Bäume den Himmel. Wo sollte sich dann die Sonne ausbreiten, um mein Gemüse reifen zu lassen und die Farben meiner Blumen zu kräftigen? Auf lange Sicht zu planen bedeutet manchmal auch zu glauben, daß nur die Menschen wechseln, nicht aber ihre Wünsche. Und wenn man Obstbäume pflanzt, sich über die Ernten freut, nimmt man es gern in Kauf, dafür die möglichen Kletterpartien nachfolgender Generationen zu opfern.

Ich habe also die Jahre damit verstreichen lassen, Kompromisse zu pflanzen: einen ständig kranken Pfirsichbaum, vom Brand verunstaltet, zum Weinen häßlich, den zu fällen ich mich aus Mitleid entschließen mußte. Einen Birnbaum, der trotz zunehmenden Alters nicht dicker und größer wird und mir herablassend ein knappes Dutzend Birnen liefert, während seine kleinen Brüder noch überhaupt keine Früchte tragen. Einen Kirschbaum, der mit seiner sanften rundlichen Form und schon recht vielen Früchten eine schöne Reife verspricht, aber auch noch zu jung und ohne Fülle ist.

Der Haselnußstrauch hat sich gut entwickelt, ist dick und buschig, mit dichtem Blattwerk und riesigen Haselnüssen, wurmigen natürlich. Aber er wird nie die Form eines Baumes annehmen oder auch nur einen Stamm haben. Trotzdem habe ich ein halbes Dutzend Schößlinge umgepflanzt und gestützt, die ebenfalls anfangen, füllig zu werden. Ohne Zweifel ist der Boden in meinem Garten besser für Büsche geeignet als für Bäume.

Die alten Pflaumenbäume sind zu stark beschnitten worden und erholen sich nur sehr mühsam davon. Der Mirabellenbaum dagegen, ebenfalls roh ausgelichtet, wächst von neuem und mit der Energie des dem Tode Entronnenen, bekommt überall Schößlinge und sät sie rundum aus, als ob er ganz für sich allein Platz genug für ein Karussell in Anspruch nehmen wollte. Der zuletzt gepflanzte Pflaumenbaum, ein Reineclaude, hat mich noch nicht mit einer einzigen Frucht belohnt.

Nur der Apfelbaum hat wirklich die Statur eines Baumes. Schon breitet er seine Äste gelassen so weit wie nur möglich aus. Selbst wenn seine Äpfel mit großem Gepurzel herunterfallen wie bei einem Wurfspiel in einer Kirmesbude, bewahrt dieser schöne Baum eine respektgebietende Würde. Alle Vögel lassen sich auf ihm nieder. Er wird sein Diplom bekommen, er wird ein Schutzengel, ein Denkmal sein.

Also, seit dem Sturm hat mich die Lust, die Laune auf einen Hundertjährigen in meinem Garten wieder gepackt. Ich habe schon den Platz für ihn bestimmt, und ich werde ganz bestimmt nicht bis St. Katherinen warten, «wenn alles Holz Wurzel schlägt», um ihn zu pflanzen. Es hätte mir gefallen, ihn zu säen, aber ich habe schon zuviel Zeit verloren. Da kann man halt nichts machen, ich werde ihn eben aus dem Waisenhaus retten, ihn nicht zu klein und nicht zu groß wählen, mit guter Gesundheit, guter Abstammung. Wenn sein Schatten wächst, wird es genügen, die Gemüse nach und nach in die Gartenwinkel auszuquartieren und die Blumen umzusetzen, die etwas gegen ihn haben könnten.

Einen schönen Baum zu pflanzen scheint mir genau so wichtig wie ein Haus zu bauen. Eines Tages wird das Gemüse mich langweilen, und die Blumen blühen nur einen Sommer lang. Aber im Winter wie im Sommer trägt ein Baum immer einen Traum auf jeder Astspitze, erzählt Geschichten von Vögeln, Blättern, Insekten, Rinden, von einer Schaukel, vielleicht von Eulen und Eichhörnchen. In der Sonne ist das Holz warm, und das Blattwerk vollführt die hübschesten Lichterspiele; der Baum wird zum Herzstück meines Gartens. Rund um den Stamm werde ich eine Bank anbringen.

Der Trauer-Maulbeerbaum

Er weint, mein Maulbeerbaum. Seine langen, geschmeidigen Zweige schleifen matt über den Boden. Sein Stamm wächst nicht schnell genug, nicht hoch genug, um den Zweigen genug Platz zu bieten. Aus welchem Grund läßt ein Baum seine Äste so bis auf den Boden wachsen, wo sie allen Parasiten als Leiter dienen? Die Blätter faulen, vom Gras erstickt. Man zertritt im Vorbeigehen die Zweigspitzen. Jetzt stutze ich sie, um Verletzungen zu vermeiden.

Wenn er hätte wählen können, dann hätte mein Maulbeerbaum vielleicht eine Anhöhe verlangt, einen Hügel, damit seine Zweige genügend Raum hätten, um mit dem Wind zu spielen und wie ein Zelt bis zum Boden zu hängen. Trauerweiden lassen ihr Gezweig so tief hinunterhängen, weil sie gern an einem Wasserlauf vor sich hin träumen, sich Geschichten von Algen erzählen, von Zauberfischen und Flußnixen. Aber ein Trauer-Maulbeerbaum, mitten im Garten, gleicht ein wenig einem gestrandeten Segelschiff.

Ich habe ihn dummerweise für einen gewöhnlichen Zierbaum gehalten und aus Ahnungslosigkeit gepflanzt. Aber was kann ein Maulbeerbaum schon anderes tun als eben Maulbeeren tragen? Das war sein erstes Geschenk. Ich glaubte, er sei ein seltener Baum, aber auf den Bauernhöfen sieht man ihn überall, oft in einen Winkel des Hühnerhofes verbannt. Wegen seines Schattens und seiner guten Beeren ist er die Lieblingszuflucht der Hühner. In meinem Garten gibt es keinerlei Federvieh.

Die Trauerweidenform bezaubert mich noch immer, und ich bin überzeugt, daß andere Maulbeerbäume nur ganz gewöhnliche aufrechte Silhouetten haben und nicht von so ungewöhnlicher Zartheit sind wie meiner. Das ist kein Baum, sondern ein rundes sanftes Bauwerk. Ich habe das Gefühl, ich hätte ihn selbst geschaffen, weil ich ihn immer mit einem Gestell in Form eines Regenschirmes abgestützt habe, das im Lauf der Zeit vergrößert wurde. Ohne mich darum zu sorgen, ob er das schätzt oder nicht, beschneide ich ihn in Form einer Laube. Ich schneide sorgfältig alle Zweige, alle Andeutungen von jungen Trieben weg, die herausragen und Richtung Himmel oder schnurgerade wie lächerliche Wäscheleinen wachsen wollen. Ich korrigiere, ich beseitige die Zweige, die nach innen wachsen, die Grotte besetzen und ihre Vollkommenheit beeinträchtigen wollen. Ich säge Astgabeln und Abzweigungen ab. Ich stutze mit Bedauern die Spitzen, denn dort sind die jungen Triebe, die zartesten, rührendsten Blätter.

Ich stütze ihn, ich beschneide ihn, diesen erstaunlichen Trauer-Maulbeerbaum. Er wird mehr als eine Laube, beinahe eine Hütte, ist dick und dicht, ein undurchdringliches Versteck, eine innen und außen runde Welt. Unter ihm verändert sich das Licht in Gold und Wassergrün. Die Blätter, so glatt und glänzend, lassen nur Fetzen von Sonnenlicht durch. Das Gras, Komplize irgendeiner Zauberei, wächst hier nicht mehr. Leichtes, kurzes Moos in der gleichen Farbe wie die Blätter bedeckt den Boden. Ein blaues Büschelchen Traubenhyazinthen hat sich hierher geflüchtet.

Mein Maulbeerbaum, mein wundersamer Maulbeerbaum, ein Märchenbaum, mit seinen Trauerzweigen bis zum Boden, seinem goldgrünen Wasserlicht, ist eine verlockende Laube, ein wundervolles Versteck für kleine Lausbuben und Katzen. Sein Wipfel ist so sanft gerundet, daß eine Turteltaube darauf nisten könnte. Er ist schön. Er ist kein Baum, er ist ein Wunder. Jedes Jahr wird er stattlicher. Seine tragenden Äste sind dick und knotig und formen ein stabiles festes Gewölbe. Jedes Jahr trägt er im Überfluß Früchte, läßt sie den ganzen Sommer lang herabregnen, wenn man ihn nur streift. Kleine schwarze Früchte, nicht so saftig und süß wie Brombeeren, die einen winzigen Stielansatz behalten, wenn sie sich ablösen. Auf Obstkuchen sehen sie hübsch aus und machen ihren schwachen Geschmack durch die Menge wett.

Ich träume davon, auch seinen Stamm mit einer Bank zu umgeben, unter der runden Laube, damit Kinder dort ihr Brot essen oder verbotene Geschichten erzählen können. Es scheint, daß auch Geräusche zögern, den Vorhang aus Blattwerk zu durchdringen.

Meisen, Schwalben und Buntspecht

Oft habe ich Sehnsucht nach einem bewohnten Garten, in dem alle möglichen Tiere sich wohl fühlen, verspielte Kaninchen, flanierende Rehe, Wiesel, die es eilig haben, zu einem Rendezvous zu kommen, vorsichtige Füchse und fleißige Eichhörnchen. Ich würde gern das Schillern eines Pfauenrades sehen, wenn ich auf meiner Bank sitze. Naive Vorstellungen aus einer Kindheit mit den Fabeln von La Fontaine.

Mein Garten ist verlassen, unbewohnt, verschmäht. Nicht einmal die dümmsten Tiere würden ihn mit einem Park verwechseln, klein, wie er ist. Er könnte niemals einen anderen Status beanspruchen als den eines gezähmten Stückchens Natur, umgegraben, glattgerecht, zurechtgestutzt, wo ein Tier vergeblich ein Versteck suchen würde. Nur die winzig kleine Fauna verirrt sich hierher.

Nach und nach kehren die Vögel zurück. Turteltauben nisten unter der Dachrinne, im Flieder und in allen Bäumen rundum und füllen die Luft mit ihrem Gurren. Sie sind von hübschem Perlgrau und tragen ein schwarzes Band um den Hals, wie alte Damen. Oft finde ich ein zerbrochenes Ei unter ihrem Nest, durch ihre eigene Ungeschicklichkeit herausbefördert oder von einer Katzenpfote.

Leichtes Rascheln im Blattwerk des Apfelbaumes und im Schmetterlingsstrauch gleich beim Haus. Die Meisen mit ihren schwarzen Kapuzen, die ihre weißen Wangen freilassen, und mit den rundlichen gelben Bäuchen fliegen nur vorbei. An einem Ast im Apfelbaum habe ich ein kleines Futterhäuschen aufgehängt, das ich in der kalten Jahreszeit regelmäßig mit Körnern fülle. Obwohl sie Insektenfresser sind, kommen die Meisen im Winter gerne und verpflegen sich dort.

In einem Jahr baute ein Meisenpaar sein Nest in einem großen Tonkrug auf der Terrasse, gleich neben der Eingangstür. Der Meisenvater und die Meisenmutter landeten abwechselnd auf der Mauer, eine grüne Raupe quer im Schnabel, wie ein Schnurrbart, und warteten, bis ich mich völlig reglos hielt, ehe sie durch den engen Hals in die Amphore glitten. Der eine kam heraus, der andere flog hinein, und so immer weiter. Ein ununterbrochenes, beunruhigendes Hin und Her. Es wurde nervenaufreibend, zuzuschauen, wie der Vogel mit seiner Raupe ankam, auf der Mauer hin und her hüpfte, zögerte und dann umkehrte. Ich wagte es nur zu atmen, wenn Meise und Raupe im Krug verschwanden. Nicht für lange. Die Eltern lösten sich ununterbrochen ab, um diesen scheinbar unerschöpflichen Vorrat von grünen Raupen heranzuschaffen. Sie hielten stets das gleiche Ritual ein: Der eine tauchte auf der Mauer auf, und der andere rief ihm aus der Öffnung des Tongefäßes Ermutigungen oder, wer weiß, Warnungen zu. Was die Jungen anging, so gaben sie keinen Ton von sich; ich hörte sie niemals piepsen.

Aber an einem unheilvollen Tag bekam ich sie dann doch zu sehen. Ich war nicht die einzige, die das mühsame Hin und Her der Meisen beobachtete. Der Kater interessierte sich ebenfalls dafür. Er hielt sich nicht mit Einzelheiten auf, er schmiß die Amphore einfach um, die natürlich zerbrach. Tonscherben, Nesttrümmer, Vögelchen, alles flog bis in den Schnittlauch. Sie hatten noch keinen Flaum, bloß einen riesigen Schnabel, und der Kater erwischte gleich eines.

Die Eltern hockten nebeneinander auf einer Leitersprosse und schrien sich die Lungen aus dem Hals. Ich raffte die Teile des Nestes und die Jungen zusammen und warf sie in die zerbrochene Amphore, sogar das Junge, das ich noch ganz warm dem Kater aus der Schnauze gerissen hatte. Dann fügte ich die großen Scherben mit Klebeband und Schnur zusammen. Die

Amphore hatte nun in der Mitte ein großes Loch, und es herrschte Stille, Totenstille im Garten.

Anscheinend hatte die Naivität meines Handelns die Jungen gerettet, denn die Meiseneltern kamen zurück. Mit ihren Raupen. Aber von nun an flogen sie durch das Loch ein und aus, was praktischer war. Vielleicht dachten sie, das gräßliche Durcheinander habe nur den Zweck gehabt, ihnen einen bequemeren Zugang zu ihrem Nest zu verschaffen. Die Meisen wuchsen unter meinem Schutz auf. Ein Drahtgitter verwehrte den Zugang zur Kinderstube, und ich behielt den Kater im Auge.

Ohne Vorwarnung flogen die kleinen Meisen eines Tages aus, eine nach der anderen. Der Kater schnappte sich zwei, auch eine nach der anderen, wie beim Taubenschießen, überzeugt von seinem guten Recht darauf und ehe ich ihn daran hindern konnte. Drei kleine Meisen haben überlebt; ihre Federn waren noch glanzlos, weil sie nie die Sonne gesehen hatten.

Sie flogen davon. In den folgenden Jahren ist die geflickte Amphore leer geblieben. Ob alte oder junge Generation, die Meisen nisten anderswo.

Alljährlich im Frühling versuchen die Schwalben, ins Haus zu kommen. Wenn ich sie nicht vertreibe, machen sie sich sofort an die Arbeit, kleben das erste Material für ihr Nest an einen Deckenbalken. Ihr Anflug besteht ganz aus Kurven und Schleifen, aber sie sausen schnurgerade, ohne das geringste Zögern, durch die offene Tür. Eines Tages habe ich meinen Kater, einen anderen als den mit den Meisen, verdächtigt, ihnen ein Junges weggefressen zu haben.

Jedesmal, wenn dieser Kater sich im Garten sehen ließ, lauerten ihm zwei Schwalben auf, verfolgten ihn mit ihrem durchdringenden Gezwitscher und griffen ihn abwechselnd an. Die eine Schwalbe stieß plötzlich herunter, pickte nach ihm, flog wieder auf, und schon griff die zweite Schwalbe an. Entsetzt machte der Kater sich unter dem Buchsbaum so flach er nur konnte. Es nutzte nichts. Von den Schwalben verfolgt, flüchtete er ins Haus. Sobald er Anstalten machte hinauszugehen, begann der Tanz von vorne. Im nächsten Jahr wurde der gleiche Kater wieder mit der gleichen Taktik von zwei Schwalben verfolgt. Ich weiß nicht, ob ihre Sturzflugangriffe reine Rache oder eher Vorbeugung sind, aber auf jeden Fall wird dieser Kater sich nie wieder an Schwalben und ihre Nester herantrauen.

Der Gedanke gefällt mir, daß meine Amseln ihre Nester in den Hecken bauen, die ich so gut pflege, wie ich es eben verstehe, und die allmählich dichter werden. Ein Amselpaar hatte sich in einem der niedrigen Pflaumenbäume niedergelassen, die ich beschneide, um eine Mauer zu kaschieren. Ein anderes Amselpaar hauste in einem seltsamen Busch, den ich aus Versehen am Haus gepflanzt habe: Ich dachte, es wird bloß eine Blumenstaude daraus. Jetzt bedeckt er die Mauer mit seinen harten, glänzenden und kräftig grünen Blättern, die im Winter nicht absterben. Er trägt winzige weiße Blüten, und ich beschneide auch ihn, damit die Fenster frei bleiben. Er hat auch Amseln beherbergt, die dort nisteten, und ich hörte sie im dichten Blattwerk zirpen oder sah, wie sie herausflogen.

Eines Tages fand ich unter dem Busch einen toten jungen Vogel. Die Amseleltern kamen nicht wieder, im Busch blieb es still. Ohne Zweifel hatte eine Katze die Bewohner aufgescheucht, sie in die Katastrophe gestürzt. In den Zweigen entdeckte ich eine seltsame, verlassene Konstruktion: zwei Nester, die vielleicht ein Doppelnest sein konnten. Das eine, von runder Form, lag in normaler Position waagerecht über einem anderen, konischen, das mit der Öffnung nach vorne von dem oberen Nest herunterzuhängen schien. Ich konnte mir nicht erklären, ob das das Werk der Vögel war oder ein Unfall. Vielleicht haben sich verschiedene Vogelarten den Busch geteilt, und der Kater hat ein Nest losgerissen, das dann per Zufall in seinem Sturz von dem anderen Nest aufgehalten wurde? Oder waren hier seltsame Baumeister am Werk, Erfinder, die es mit einem Doppelhaus versucht haben, um alle Kinder bequem unterzubringen?

Die Welt der Vögel bleibt mir ein Geheimnis. Ich bin unfähig, einen Vogelruf einer Art zuzuordnen. Manche beobachte ich, anderen höre ich zu, aber sind es dieselben? Jedes Jahr, sobald der Frühling vorbei ist, höre ich denselben Vogel, der als Solist singt. Jeden Abend, in der Stunde der Stille, wenn die anderen Vögel noch nicht mit ihrem Abendgezwitscher und die Turteltauben noch nicht mit ihrem atemlosen Gurren begonnen haben, läßt er sich auf der anderen Seite der Gartenmauer hoch oben im Wipfel des höchsten Baumes nieder, auf einer Tannenspitze. Nun beginnt eine beeindruckende Vorstellung. Er versucht, die sinkende Sonne auszustechen, den Eindruck zu erwecken, nur sein Gesang allein bringe das Gestirn zum Verschwinden, das am Ende seiner Kraft ist. Der Vogel siegt. Dies ist seine große Stunde, überhaupt immer ein Triumph. Die Bühne gehört diesem erstaunlichen Solisten. Alle anderen schweigen, keiner ist groß genug, um ihm zu antworten, ihn zu unterbrechen. Er singt klar und kräftig, ein unangefochtener Star. Ich sehe nur seine Silhouette dort hoch oben.

Wenn er sein Konzert beendet hat, fliegt er davon, bis zur Aufführung am nächsten Abend. Nun kann ein anderer, ein Chorsänger, die Bühne einnehmen. Wer ist er? Vielleicht ein Fink, vielleicht eine Nachtigall, was weiß ich? Sein Name würde nichts an meinem Vergnügen ändern, ihm zuzuhören.

Ein Vogel, neben all den vielen anderen, macht mich neugierig. Ich habe ihn schon öfters sehr früh am Morgen durch das Fenster beobachtet, wie er ruhig zwischen gleichgültigen Spatzen und Amseln im Gras pickte. Er selbst war weder Spatz noch Amsel, sondern sehr viel größer, mit einer ganz anderen Silhouette und ganz anderem Verhalten. Er hob den Kopf nicht, er trug ihn hoch auf einem langen, dünnen Hals. Der Kopf wirkte kurz im Vergleich zur Länge des spitzen Schnabels. Hals, Kopf, Schnabel, alles bildete eine Linie: Er hackte mit kleinen, kurzen, beinahe ärgerlichen Hieben auf den Boden. Ob es wohl ein Specht war?

Spechte haben eine weitverzweigte Familie. Ich habe sämtliche Vogelbücher in meinem Besitz durchgeblättert, und ich habe meinen Specht gut beobachtet und ihn auf vielen Fotos wiedererkannt, wenn das Fotomodell mehr oder weniger die gleichen Farben hatte wie er: Grau mit Weiß, mit Perlmutt und vielleicht ein bißchen Braun. Irgendwann muß man eine Entscheidung fällen, und so habe ich entschieden, daß mein Specht ein Bundspecht ist. Wenn er wiederkommt, kann ich ihn dann namentlich begrüßen.

Die Nacht des Igels

Der Apfelbaum vor meinem Haus ist ein sehr beliebter Treffpunkt. Vielleicht ist es falsch, aber ich werfe dort alle organischen Abfälle hin, Gemüseabfälle, angefaultes Obst, verwelkte Blumen, in der naiven Hoffnung, dem Baum so nahrhaften Kompost zu liefern. Also kommen die Vögel, die Katzen, die Ameisen und mein Igel.

Aber der Igel ist nun tot. Gestern dachte ich, er schliefe unter der Bank, weit weg vom Apfelbaum. Ich wagte nicht, mich zu rühren, und er auch nicht. Ich hatte ihn noch nie zuvor am hellichten Tag hier am Ende des Gartens gesehen. Vielleicht änderte er seine Gewohnheiten, weil es auf den Winter zuging.

Ich riskierte es, seinen Schlaf zu stören, und tippte ihn vorsichtig mit der Schuhspitze an. Er wachte nicht auf, aber eine nervöse Welle lief über seine Stacheln wie ein Schauder. Sonst nichts. Heute morgen lag er an der gleichen Stelle, tot. Keine Reaktion mehr. Bloß ein rundliches, etwas weiches Ding, das sich bewegen ließ und sich wie eine monströse Schnecke anfühlte.

Mein Igel ist tot. Oder irgendein anderer. Mein Igel, der Vertraute, verkehrt nicht in diesem Winkel des Gartens, sein Revier ist vor dem Haus. Er kommt immer bei Einbruch der Nacht, um sich unter dem Apfelbaum vollzufressen. Ich habe nie erfahren, wo er wohnt, oder ob Igel überhaupt seßhaft sind, aber ich vermute, daß er seine Penaten in einem Feld in der Nähe oder in einem Nachbargarten hat und mich nur besucht.

Im Sommer kommt er jeden Abend, dann bricht er seine Besuche plötzlich ab, gibt monatelang kein Lebenszeichen mehr. Ich dachte, er sei endgültig fort. Aber nein, er überwintert bloß, er kümmert sich um seine Angelegenheiten, und er kriegt Junge. Seit fünf oder sechs Jahren kommt er immer wieder, sobald das Wetter mild wird. Er, seine Kinder oder seine Enkel.

An irgendeinem Sommerabend, wenn wir endlos lange draußen sitzen, höre ich über die Unterhaltung hinweg plötzlich sein Grunzen und Schnaufen. Man könnte meinen, es beruhigt ihn, Menschen sprechen zu hören, weil er dann weiß, daß wir beschäftigt sind und er ungestört futtern kann. War er es, der dann unter meiner Bank gestorben ist, oder ein Fremder?

Im letzten Sommer sind sie zu zweit gekommen, ein kleiner und ein großer. Igel schlafen bei Tag; nachts sind sie wach und mit ihren Jungen unterwegs. Der erwachsene Igel, dem mein Garten vertraut war, hatte also sein Junges mitgebracht, damit es sich bei mir sattfressen konnte. Ein einziges. Die anderen aus dem gleichen Wurf waren vielleicht schon überfahren worden.

Einmal zeigte mein Nachbar mir in seiner Scheune ein Nest voll junger Igel. Zuerst sah man sie gar nicht; sie lagen ganz ins Stroh eingemummelt; mein Nachbar hob das ganze Nest vorsichtig mit der Heugabel hoch. Sie waren weiß und weich, so anders als die ausgewachsenen Igel in ihrer Rüstung aus langen Stacheln, daß man Lust hatte, sie zu streicheln. Aus diesen

Jungen hätten genausogut Salamander werden können. Sie waren etwa Mitte April geboren. Vielleicht hausen Igel ihr Leben lang am gleichen Ort und vermehren sich auch dort, und Generationen und Generationen von Igeln lernen so von ihren Eltern den Weg in meinen Garten und zu meinem Apfelbaum.

Mitten in Apfelbutzen und Krümeln aller Art grunzt und schmatzt der Igel ohne Pause ein oder zwei Stunden lang. Eigentlich ist er Fleischfresser. Aber ich habe nie erlebt, daß er irgend etwas verschmäht hätte. Außer Schlangen, Schnecken, Obst, Mäusen, Erdbeeren und Vogeleiern schmecken ihm Reste von Pasteten, Fleisch, Kartoffeln und Brot. Als ich ihn das erste Mal bei mir entdeckte, saß er entschlossen vor einem Teller voll Entenknochen, die für die Katzen bestimmt gewesen waren.

In jener Nacht hatte mich Lärm neugierig gemacht. Ein Igel verursacht einen unglaublichen Krach. Er ist so klein, so schüchtern, er lebt so zurückgezogen, daß man ihn oft nur tot auf der Straße zu sehen bekommt. Trotzdem frißt er wie ein Ferkel, schlingt, schmatzt, grunzt und schnüffelt. Er hat die Manieren eines primitiven, verfressenen Tieres. Wenn er herumläuft, macht er sich bemerkbar, schlurft und zerdrückt geräuschvoll Blätter und Reisig. Ich höre ihn schon von weitem kommen, immer um die gleiche Stunde.

Er kommt bei Einbruch der Nacht, ohne sich durch die Anwesenheit von Menschen stören zu lassen. Die Katzen tun zwar so, als würden sie ihn ignorieren, aber sie kennen ihn; vielleicht haben sie sich schon einmal an ihm gestochen. Und der Igel kennt sie auch, kümmert sich ebenfalls nicht um sie, sondern unerschütterlich nur um das, was unter dem Apfelbaum oder sogar unter dem Tisch zu finden ist. Vielleicht hat seine Gleichgültigkeit damit zu tun, daß alle anderen, die Stachellosen, ihm immer den Weg frei machen.

Eines Abends stieß er auf seinem Weg auf ein Hindernis, ein rundes Planschbecken aus Plastik. Er begann, daran entlangzulaufen wie an einer Mauer. Geduldig marschierte er, sicher, ans Ende zu gelangen, denn schließlich hören alle Mauern einmal irgendwo auf. Es war ein so seltsamer Spaziergang, daß der Kater ihm schließlich folgte, mit lautlosem Schritt und tief geduckt, die Nase so tief wie das Hinterteil des Igels, um seine Spur aufzunehmen.

So liefen sie, einer hinter dem anderen, ein paarmal rund um das ganze Planschbecken herum. Dem Igel war diese endlose Mauer dann vielleicht doch irgendwie unheimlich, jedenfalls beschleunigte er das Tempo, hängte seinen Verfolger ab und befand sich plötzlich dicht hinter dem Kater, der noch immer hinter ihm herschlich. Von dem Geräusch alarmiert, drehte der Kater sich um, stand vor dem, den er zu verfolgen glaubte, und machte vor Schreck einen Luftsprung.

Der Igel hingegen regte sich überhaupt nicht auf und zog in Richtung Wespenfalle. Da gibt es kein Problem, er hat lange Erfahrung damit: Er kippt die Falle einfach um und frißt das Stück Obst, das als Köder drinsteckt. Jede Nacht macht er meine Falle kaputt, um den Köder zu klauen, und kümmert sich überhaupt nicht um die Wespen, die fliehen, weil sie ihm nichts anhaben können.

Dabei machen die Stacheln die Igel doch angreifbar. Fast alle Igel sind von Ungeziefer, Milben oder Igelflöhen befallen und können sich mit ihren kurzen Beinchen nicht kratzen oder sich sonstwie davon befreien. Selbst wenn sie beweglich genug dazu wären, würde die Stachelschicht sie daran hindern. Andere Tiere, Opfer von Parasiten, wälzen sich im Staub, baden sich oder reiben sich an Pflanzen, die gegen Parasiten helfen, wie meine Katzen, die sich zu gerne im Thymian ausstrecken und wälzen. Aber der Igel? Er würde nur seine Stacheln abknicken, wenn er sich wälzen könnte.

Sein Schutzschild verwehrt ihm jede Erleichterung. Wer einen unterernährten oder jungen Igel im Haus über den Winter retten will, muß ihn zuerst sachgemäß baden und von den Parasiten befreien.

Raupen und Schmetterlinge

Die Bevölkerung meines Gartens besteht vor allem aus winzigen Wesen, die ich in die Kategorien «Freund», «Feind» oder meistens «unbekannt» sortiere. Manche verstecken ein blutrünstiges und gefräßiges Temperament hinter einem besonders hübschen Äußeren. Bei meinem nicht sehr ernsthaften Kampf gegen die zahllosen Parasiten in meinem Garten bin ich von unverbesserlicher Nachsicht den Raupen gegenüber.

Manchmal so hübsch wie Edelsteine, gefallen sie mir alle. Da gibt es eine sehr verbreitete Art in schillerndem Grün, die sich zusammengekringelt. Später werden daraus unzählige banale weiße Schmetterlinge, die in allen Himmelsrichtungen im Garten herumflattern. Und diese andere Raupe, gelb und schwarz gestreift und lang auseinandergezogen, was für ein Schmetterling wird aus ihr? Ich habe Raupen in sattem Türkisblau, in glänzendem Grün gesehen, wie Schmuckstücke von meinen Pflanzen eingefaßt. Der Schmetterling zeigt für seine Farben als Raupe die gleiche Geringschätzung wie für Flitterwerk, und meine Lapislazuliraupen bekommen vielleicht braune Flügel.

Manche unansehnlichen Raupen

verwandeln sich in ebenso unscheinbare Schmetterlinge: dicke graue, eingerollte Würmer, aus denen Nachtfalter werden. Häßlich und unersättlich, fallen diese Raupen über alles her, über Radieschen, Salat, Erdbeeren oder Kartoffeln. Was immer man anpflanzt, sie mögen es. Ich mache mir deshalb nicht allzuviel Sorgen. Mein Garten ist sehr beliebt bei den Amseln, und die wiederum stehen in dem Ruf, sich mit grauen Raupen vollzustopfen.

Raupen überraschen einen so ziemlich überall, im Boden, unter den Pflanzen oder gemütlich wie in einer Hängematte in den Blättern liegend. Mögen sie ruhig schlafen.

Schmetterlinge lassen sich zu Dutzenden auf meinem Sommerflieder nieder, der ja auch Schmetterlingsstrauch heißt, und sitzen wie eine hübsche Schleife auf den Blüten. Aus jeder Blütendolde machen sie ein kleines, wie ein Geschenk verpacktes Päckchen. Was wäre ein Garten ohne Schmetterlinge? Sie sind die Blütenblätter der Luft, die Brise in der Hitze. Ich mag es, wenn Gärten belebt sind, wenn sich darin etwas bewegt, wenn sie sich verändern und als Zuflucht oder kurzer Aufenthalt dienen. Die Natur ist niemals zu lebendig, und die Schmetterlinge trösten mich ein wenig darüber hinweg, daß hier weder Rehe noch Biber zu sehen sind.

Es kommt vor, daß ich in einem Anfall von Streitsucht oder zur Verteidigung meiner Gemüseernte Raupen umbringe. Nicht oft, denn ich habe hinterher zu viele Gewissensbisse. Und nicht oft genug, um die Kohlköpfe und die Äpfel zu retten. Schließlich liebe ich die Meisen, und die

Meisen lieben meinen Apfelbaum: In fast jedem Apfel steckt eine Raupe. Wenn die Meisen Junge bekommen haben, holen die Eltern hier scharenweise ihre Mahlzeiten. Für sie ist die gefürchtete Apfelwicklerraupe ein Genuß. Im Frühling legt der Schmetterling ein Ei mitten in die Blüte. Die Maden entwickeln sich mit der Frucht, bohren sich heißhungrig Gänge in den Apfel und vertilgen das Fruchtfleisch und die Kerne. Vollgefressen verläßt die Made dann ihr nahrhaftes Quartier und spinnt sich als Puppe in einer Rindenritze des Baumes ein. Im nächsten Frühling schlüpfen Massen von neuen Schmetterlingen, die voller Energie ihre Eier ebenfalls in den Apfelblüten ablegen und die gute Nachricht verbreiten, daß es bald noch mehr Apfelwicklerraupen geben wird.

Diese Raupen zu vernichten würde bedeuten, die Meisen zu vertreiben. Die Vögel fressen sie auf, retten mir dadurch ein paar Äpfel, stellen so das Gleichgewicht wieder her und lassen mir obendrein die Schmetterlinge. Ein paar Vögel, ein paar Raupen, ein paar Schmetterlinge. Die Larven der Laufkäfer sollen den Vögeln Konkurrenz machen und ebenfalls Raupen fressen. Aber wie sehen Laufkäferlarven aus?

Manche Raupen haben volkstümliche Namen bekommen, die, wenn schon nicht von uraltem Haß, so doch von der tiefverwurzelten Abneigung der Bauern gegen sie zeugen: Lauchräude, Blattfraß, Rebenwickler. Der Erbsenwickler verbirgt seine Bosheit unter einer zartgrünen Farbe und ist so gemein, die Erbsen im Inneren der Schoten aufzufressen. Auch die Bohnen verschont er nicht. Nur die Nachbarschaft von Tomaten verjagt ihn.

Man muß die Schmetterlinge überlisten, schneller sein als sie und sehr früh im Jahr aussäen.

Aber wenn diese Übeltäter und Taugenichtse von Raupen einmal aus dem Flegelalter heraus sind, welche Schmetterlinge werden dann aus ihnen? Vielleicht diese zarten blauen, die schimmern wie Perlmutt? Die winzigen blaßgrünen? Oder die kleinen weißen, die aussehen wie frisch gestärkt?

Meine Raupe

Eine Raupe hat sich so vertraulich in meiner Umgebung niedergelassen, daß ich fast dachte, sie ließe sich zähmen. Sie war ungewöhnlich, länger als mein Mittelfinger und auch dicker, und hellgrün, wie das zarte Grün frisch gesprossener Blätter. Ich habe sie gerade deswegen bemerkt, weil sie zu dick auftrug, weil sie die Farbe der Blätter noch besser nachahmte, als die Blätter selbst sie zeigten. Beinahe zu grün. Sie lag oben auf einem kleinen Fliedersprößling, hatte schon ein Blatt von der Spitze weggeknabbert und hielt nun ein Verdauungsschläfchen unter dem gegenüberliegenden Blatt.

Am Spätnachmittag war sie noch immer da, ganz Kaubewegungen, schluckte methodisch, Fitzelchen um Fitzelchen, zuerst genau die eine Hälfte des Blattes herunter, dann machte sie an der Hauptrippe in der Mitte wie an einer Grenze halt, um die andere Hälfte zu vertilgen, ehe sie das zweite Blatt auf dieser Etage in Angriff nahm und schließlich zu der unteren Speisekammer hinabstieg.

Auf ihrem glatten haarlosen Rücken waren wie mit dem Pinsel Wirbel angedeutet, feine weiße Linien, grau unterstrichen. Wenn sie nicht gerade frißt oder schläft, hängt sie sich an den Hinterbeinen auf und läßt den Kopf nach unten hängen, geschwungen wie ein Fragezeichen oder wie ein Zirkusakrobat, der sich in einer geliehenen Verkleidung verirrt hat. Die Hinterbeine gleichen eher Häuten, Zipfeln ihres grünen Mantels. Und wen will sie mit ihrem lächerlichen kleinen Schwanz täuschen, dieser schlechten Karikatur eines Stachels?

Schon seit einigen Tagen sehe ich sie mit Vergnügen wieder und beobachte sie. Auf welch seltsamen Wegen ist sie hierhergelangt? Jetzt, wo ich mich an ihre Anwesenheit gewöhnt habe, würde mich das Verschwinden dieses Ungeheuers betrüben. Sie verwüstet den kleinen Busch systematisch, nach einem langgereiften Plan. Wenn sie einen Fliederzweig so sauber kahlgefressen hat, daß er aussieht wie ein Ast im Winter, ist sie – hopp – schon oben auf dem Nachbarzweig und fängt dort ungeniert von vorne an. Aber wie findet sie den Weg dorthin und den Willen, die Spitze zu erreichen, ohne der Versuchung nachzugeben, zwischendurch hier oder dort anzuhalten und sich zu stärken?

Ich verfolge das als neutrale Beobachterin und kümmere mich absolut nicht um den Kahlschlag in dem kleinen Fliederbusch. Die Schönheit und die Größe dieser Raupe verbieten es mir, sie umzubringen. Denn aus ihr kann nichts anderes werden als ein Schmetterling, und wenn dieser

Schmetterling die gleiche Größe hat, dann wird er phantastisch. Ein Riesenschmetterling. Ich möchte ihn zu gerne sehen.

Seit gestern befürchte ich allerdings, ich werde ihn niemals zu Gesicht bekommen. Wenn man bedenkt, wie langsam eine Raupe sich entwickelt, wie viele Stadien sie durchlaufen muß, bis endlich ein Schmetterling aus ihr geworden ist, so ist es erstaunlich, daß die Schmetterlinge noch immer so zahlreich fliegen. Die Katze interessierte sich auch für diese neue Gartenbewohnerin. Ein Pfotenschlag zum Spielen, um zu sehen, ob sie vielleicht davonflog oder quiekend davonrannte. Ein Nasenstüber gegen den herunterhängenden Kopf der Raupe; ob sie möglicherweise nach Brathuhn duftete? Gerade noch rechtzeitig konnte ich die Katze daran hindern hineinzubeißen.

Aber am Abend saß sie dann wie ein Wachposten vor meiner hängenden Raupe. Deren obere Hälfte schwang mit ungewohnten, ruckartigen Bewegungen von links nach rechts, von rechts nach links, beinahe im rechten Winkel zum unteren Teil, der sich noch an das Blatt klammerte. Kein Zweifel, das Unglück war geschehen. Meine arme Raupe verlor aus einer Wunde eine Flüssigkeit, durchsichtig wie Wasser oder Tränen, die auf die Fliederblätter tropfte.

Heute morgen ist sie noch da, scheint sie noch zu leben, aber sie macht mir Sorgen. Gestern noch vollkommen, ist ihr Körper heute von häßlichen schwarzen Spuren gezeichnet. Ich fürchte, daß die Wunde sich entzündet. Hoffentlich fehlt dem Schmetterling nicht ein Stück Flügel, wenn er ausschlüpft.

Maikäfer

An einem Juliabend fielen Schwärme von Maikäfern in meinem Garten ein. Zu Hunderten wirbelten sie blindlings in der Luft herum und suchten ihre Landebahn. Ich bemerkte zuerst nur ein seltsames Surren dicht über dem Boden, das abbrach und etwas weiter und höher wieder begann.

Überall im Gras schmieren winzige Zweimotorige mit der Ungeschicklichkeit von Anfängern ihre Maschinen und probieren vor dem Start ihre Propeller aus. Ein Maikäfer klettert an einem Grashalm hoch, der unter der Last der vollen Ladung vornüberkippt. Mit dem Bauch nach oben klettert der Maikäfer weiter. Weiß er überhaupt, daß der Himmel verkehrt herum liegt? Er fällt herunter und versucht es noch einmal, läßt seinen Motor warmlaufen, aber kommt nicht in Gang. Er tritt auf der Stelle.

Andere Geschwader sind schon wieder aufgestiegen. Sie sind einfach überall, in allen Höhenlagen, berauscht von ihrer Flugkunst. Nicht ganz Herr ihrer Bewegungen und ihrer Geschwindigkeit, schwirren sie mit vollem Tempo in alle Richtungen und manchmal sogar direkt geradeaus, und prallen gegen mich.

Sie starten ohne Lehrzeit, lösen ihre Probleme mit der Steuerung nur provisorisch, wechseln abrupt und scheinbar sinnlos die Richtung, machen Sturzflüge und Bruchlandungen. Andere, weniger geschickte Maikäfer mühen sich noch immer im Gras ab, die Propeller drehen sich mit voller Kraft und geraten nach ein paar Zickzacks ins Stocken.

Die Unzahl dieser fliegenden Verrückten füllt die Luft auf bedrohliche Weise. Die Katzen und ich ziehen es vor, im Haus Zuflucht zu suchen.

Die Kröte im Erdbeerbeet

Eines Morgens säuberte ich mein Erdbeerbeet und vernahm dabei ein Geräusch, ein unter den Blättern verstecktes Rascheln. Sehr leise, aber doch ein Geräusch und deutlicher als simples Blätterwispern. Ich suchte, schob die Blätter auseinander und fand nur Erde und organische Abfälle, wie sie in einem schlechtgepflegten Erdbeerbeet üblich sind. Hier und da lagen vergessene, ein wenig angefaulte Früchte herum, manche hart, noch grün oder weiß, andere verkümmert, wie mit Narben überzogen, und auch rote, richtig reif, aber doch ungenießbar, weil von irgendwelchen Tieren angefressen.

Ich sammelte die kleinen, aufgeschlitzten Plastikschälchen zusammen, die dazu dienen, die jungen Pflänzchen zu setzen, und die ich später manchmal abzunehmen vergesse. In solch einer Schale saß zitternd und entsetzt eine Kröte, unendlich allein. Wäre ihre Atmung nicht gewesen, hätte man sie gut für ein welkes Blatt, Holz oder Stein halten können. Mit diesem winzigen Pulsschlag bekam der Garten ein Herz, wurde bewohnt. Noch andere Geschöpfe lebten hier, ernährten sich von den Früchten des Gartens und gingen ihren eigenen Angelegenheiten nach.

Ich stellte das Gefäß und seinen Inhalt ganz vorsichtig wieder hin, entfernte mich auf Zehenspitzen und hoffte, daß die Kröte mich nicht gesehen hatte und nicht auszog, daß die stillen Tage, die Tage meiner Abwesenheit sie beruhigen würden. Das ist so etwas Nettes, eine Kröte. Die Augen glänzen wie Goldpailletten. Ihre Saurierhaut wirkt gleichzeitig hart und zart. Man sieht das Herz darunter schlagen; Kröten sind nur ein großes umhülltes Herz, glänzend lackiert von der Feuchtigkeit einer Grotte. Streicheln und Berührungen verbieten sich aus Furcht vor giftigen Pusteln, so

behaupten alte Legenden. Aber auch, weil man Spuren hinterlassen würde wie ein Finger auf frischer Farbe.

Ich bot ihr meine Erdbeeren an. Was sind schon ein paar Früchte im Vergleich zu dieser lebenden Statue, diesem komischen kleinen Ding, das atmet und hüpft und sich seines Lebens freut? Nur hat diese Kröte die dumme Angewohnheit, die Erdbeeren bloß zu probieren, alle Erdbeeren, aber keine richtig aufzufressen, so ähnlich wie Kinder es mit Keksen tun. Ich sehe darin keine Bosheit, sondern Neugier auf die Welt, das sinnliche Behagen eines Flaneurs, der von einer pausbäckigen Frucht zu einer in Birnenform hüpft.

Ich habe meine Kröte mehrere Male wiedergesehen, mich leise, leise herangeschlichen, nur um mich zu versichern, daß sie noch da war. Der Sommer ist fortgeschritten und die Erdbeerpflanze verwelkt. Meine tolpatschige Kröte muß umgezogen sein. Vielleicht läßt sie es sich jetzt in meinem anderen Erdbeerbeet gutgehen. Oder vielleicht hat sie die Diät gewechselt und dankt mir für meine Rücksichtnahme, indem sie Schädlinge auffrißt, die kleiner sind als sie? Vielleicht ist sie auch in die weite Welt gezogen, sucht sich eine Wasserstelle zum Brüten und kommt nach ein paar Jahren wieder, gefolgt von Dutzenden kleiner Kröten. Ich weiß nicht, wie Kröten ihr häusliches Leben arrangieren oder wie sie sich kennenlernen. An der Gartenmauer gegenüber dem Haus hat eine andere Kröte gelebt. Ich habe die beiden nie zusammen gesehen, weder in einer Liebesszene noch im Streit.

Es wäre mir schon recht, wenn die Kröte in mein Erdbeerbeet zurückkehrt. Sie ist zwar die gefräßigste, aber nicht die einzige, die Erdbeeren verzehrt. Ganze Völkerschaften von Schnecken und Amseln fallen darüberher. Nur die Insekten und Schnecken, die dort leben und ihre Mahlzeiten an Ort und Stelle einnehmen, lassen sich in flagranti erwischen. Die anderen kann man nur verdächtigen. Es wimmelt von Leben, hungrigem Leben, was mich zwar betrübt, doch ich hätte Skrupel, es zu vernichten: Diese Lebewesen sind hier zu Hause, sie haben das Recht, die Speisekammer zu leeren, und es ist halt Pech, wenn ich es bin, der sie füllt. Außerdem ernährt sich meine Kröte von ihnen, und sie soll bei ihrer Rückkehr aus dem vollen schöpfen.

Scheidung im Apfelbaum

Ein Wintertag beginnt, schmutzig, naßkalt und grau. Nichts und niemand ist schon dazu aufgelegt, die Kurve zwischen Nacht und Tag zu nehmen. Der Morgen trödelt, lastet auf dem Garten wie eine schmuddelige Decke. Ein paar Vögel wagen sich ohne Schwung hervor, beginnen ein trübsinniges, verdrossenes Lied in dieser feuchten Stille. Die Luft spielt auch nicht mit, die Akustik ist schlecht, die Triller klingen nicht weit. Kein Wind. Die durchdringenden Stimmen der Krähen und Turteltauben beanspruchen allen Raum für sich. Die wenigen Vögel, die ich höre, zwitschern ohne Fröhlichkeit, aus reinem Pflichtgefühl.

Ein Rotkehlchen läßt sich auf dem absurden Zierapfelbaum nieder. Dann zwei Rotkehlchen. Zwei Brüder, zwei Freunde oder ein Paar? Ob sie schon jetzt, im Januar, ihr Nest bauen, einen guten Platz dafür suchen und irgendwelche verliebten Pläne machen wollen? Meine Unkenntnis auf diesem Gebiet ist derartig, daß ich nicht einmal weiß, um welche Jahreszeit sie sich paaren, aus Reisig ihr Nest bauen und dann brüten. Aber weder die Jahreszeit noch dieser Tag scheinen mir geeignet, um an die Zukunft zu denken. Ich stelle mir lieber vor, daß diese beiden dort nicht die Zukunft vorbereiten, sondern in aller Höflichkeit ihre schal gewordene Liebe beenden. Warum, zum Teufel, hätten sie sonst diesen häßlichen Baum gewählt, der dauernd greint, dauernd krank ist und kein Gespräch zu führen weiß? Dieser falsche Apfelbaum ist bloß ganz zu Beginn hübsch, wenn sein Blattwerk sprießt, wenn winzige, beinahe lustige Blättchen sich mit dem Charme eines Gähnens beim Aufwachen auseinanderrecken, mit der Frische kleiner, nicht ganz auseinandergefalteter Girlanden vor dem Fest. Das Fest mißlingt. Sehr schnell werden die Blätter matt, fallen ab oder verkümmern. Der Baum ist in der Mauser, schaut grämlich drein, gelangweilt. Eine schäbige, unscheinbare Silhouette in einer Atmosphäre verloschener Lampions, bei denen man sich nicht einmal die Mühe macht, sie herunterzunehmen, wenn die Romantik sich plötzlich Hals über Kopf verflüchtigt. Der Zierapfelbaum wächst schlottrig, ohne üppiger zu werden. Er macht einen schlampigen, ungekämmten Eindruck.

Ich kann ihn mir nicht einmal als simple Zwischenstation für ein Paar fröhliche verliebte Vögel vorstellen. Er ist ein Nörgler, ein weinerlicher Jammerlappen, der seine Depression hätschelt, sobald die schöne Jahreszeit beginnt. Wem könnte es bei ihm gefallen außer den genauso verdrehten Schnecken?

Meine Rotkehlchen sind sicher nur aus einer Laune dort zwischengelandet, gerade lange genug für eine kleine Auseinandersetzung. Als die vorbei ist, fliegen sie weiter zum Pflaumenbaum. Das wundert mich nicht.

Buchsbaum

Aus Laune und zum Zeitvertreib habe ich vor ein paar Jahren begonnen, Buchsbaum zu pflanzen. Kleine Kinder und Katzen mögen ihn; die Kinder, um darüberzusteigen, um auszuprobieren, wie hoch sie schon springen können, oder um ihre Murmeln darunter zu verlieren; die Katzen, um sich darin zu verstecken. Es ist ebenso lustig wie rührend, ein Katzenohr, gerade nur das Ohr, hinter einem Buchsbaum herausragen zu sehen. Zusammengekauert, alle Muskeln angespannt und mit bebendem Schnurrbart liegt der Kater auf der Lauer. Er lehnt sich mit seinem ganzen Gewicht gegen das magere Buchsbaumstämmchen, drückt die Blätter zusammen wie ein Kissen und wartet darauf, daß ein Schmetterling vorbeifliegt oder ein Mensch vorbeikommt; dann springt er hervor, saust ohne innezuhalten weiter und versteckt sich hinter einem anderen Buchsbaumbusch. Diese Buchsbaumeinfassungen sind für Katzen geschaffen. Sie werden dort spazierengehen, wenn meine Büsche gewachsen und kräftiger geworden sind, Dichte und Breite haben und ich sie ohne Umstände beschneide.

Vorläufig braucht mein Buchsbaum noch sehr viel Rücksicht. Die Büsche sind noch gar nicht hoch, aber sie eignen sich besser als andere für die Hobelmanie eines Gärtners, also habe ich sie auch beschnitten. Eine angenehme, leichte Arbeit; es waren nur hier und da ein paar Zweiglein zu stutzen.

Es hat nichts geschadet. Ich hatte Lust, die unendliche Langsamkeit, das Gewicht dieses Holzes zu spüren, das Jahre braucht, um zu wachsen, das von solcher Schwere niedergehalten scheint, daß es beträchtliche Energie braucht, um sich ein paar Zentimeter in die Höhe zu recken. Ein boshafter Gnom muß an den Wurzeln ziehen. Es braucht Zeit, einem Garten eine Seele zu geben.

Dabei finde ich Buchsbaum nicht einmal richtig schön. Er bewegt sich überhaupt nicht, weder mit dem Wind noch mit der Zeit, und scheint noch einer mineralischen Lebensweise zugewandt. Er sieht zu allen Jahreszeiten gleich aus, bis auf die kleinen, frischen und grüneren Triebe im Frühjahr.

Der Saft kreist derart langsam und sparsam in ihnen, daß die Blätter schon vertrocknet zu keimen scheinen. Gärten und Parks *à la française* ziehen mich nicht an. Die Natur ist dort zu unnatürlich zurechtgetrimmt, beschnitten, gestutzt und ausgeputzt, und genau so sauber und nervenlos wie falsche Zähne. Diesen Gärten fehlt Phantasie, eine lebendige Dimension. Mir gefallen Bäume, die ihr Blattwerk in Unordnung schütteln, gewundene Wege, verborgene Bänke, Ziergräser, die vergnügt und unvermutet irgendwo als Überraschung wachsen, und Blumen, die außer Atem sind von der Anstrengung, höher als ihre Nachbarn zu wachsen. Ich mag es, wenn die Vegetation tanzt und träumt und traurig ist, wenn das Wiegen der Zweige für sich allein schon eine Dimension ist.

Buchsbaum ist eine Pflanze mit kaltem Blut und überrascht nur durch seine verschiedenen Arten. Buchsbaum als Busch; Buchsbaum, der als Skulptur zugeschnitten wird; Buchsbaum als Einfassung von Beeten. Ich habe meine Allee mit einem in vier Setzlinge aufgeteilten dicken Buchsbaum begonnen. Vier ganz kleine, ganz magere Buchsbäumchen mit winzigen runden Blättchen – wie sich inzwischen zeigte, aus der Familie der Buschbuchsbäume: Sie wachsen kaum, werden kaum dicker, bleiben untersetzt, abweisend, in sich selbst zurückgezogen, sind introvertiert. Weil sie so rachitisch waren, habe ich sie dicht beieinander gesetzt. Wenn ich mir ihre mürrische Art anschaue, so fürchte ich, diese Buchsbaumsorte ist nicht sehr gesellig, und ihre Wurzeln verkümmern, sobald sie sich berühren.

Im nächsten Jahr habe ich anderen Buchsbaum gepflanzt, um die Einfassung zu verlängern. Das einzige, was sie mit den ersten Setzlingen gemeinsam haben, ist die Bezeichnung «Buchsbaum». Die Neuen zeigten kräftigeres Grün, hatten größere, länglichere Blätter mit biegsamen, beinahe zu geschmeidigen Stielen. Sogar ihre Buschform war nicht rundlich, sondern reckte sich nach oben. Sie beeilen sich mit dem Wachsen, sie sind schon viel höher als der Buchsbaum vom Jahr zuvor. Es muß eine neue Sorte sein, gezüchtet für ungeduldige Gärtner. Das Holz ist nicht so hart wie bei den langsam wachsenden Sorten. Die Katzen lehnen sich nicht an diesen Buchsbaum; das Mäuerchen ist zu nachgiebig.

Im dritten Jahr habe ich endlich die Sorte gefunden, die wie richtiger Buchsbaum für Rabatten ausschaut. Blätter und Form haben weder die Rundlichkeit der ersten noch die Vitalität der zweiten Sorte. Sie sind ziemlich klein, wachsen widerstrebend, mit unendlicher Vorsicht. Meine Buchsbaumalleen sind ein langsames, sehr langsames Werk, vor allem weil ich das Pflanzen über Jahre verteile.

Ich pflanze Stecklinge, manchmal Stecklinge von Stecklingen, und so verlängert sich die Zeit beträchtlich, die sie zum Wachsen brauchen. Die verwendeten Zweiglein sind winzig, beim Schneiden abgefallen oder von den Katzen abgebrochen. Buchsbaum eignet sich großartig für Stecklinge, egal wann, egal wo. Nur sind sie schrecklich langsam, und man muß ein Jahr lang warten, ehe man sie ins Freiland setzen kann. Meine ersten Stecklinge, die seit Monaten brav in ihren Töpfen saßen und frisch und grün ausschauten, hatten trotzdem in all der Zeit keine einzige Wurzel gebildet, nicht einmal den Anfang eines Wurzelfadens. Man braucht also noch mehr Geduld. Ich reihe meine Buchsbaumtöpfe an einer Mauer entlang im Schatten auf, die Erde gut feucht, die Steine warm von der Sonne, die auf der anderen Seite brennt. Buchsbaum braucht nur von Zeit zu Zeit ein bißchen Wasser; die Stecklinge schauen aus wie friedlich schlafend, zufrieden mit dieser stillstehenden Zeit, einer Parenthese zwischen Leben und Tod, einer Zeit der Trägheit, in der die Pflanze noch nicht gezwungen ist zu wachsen. Manchmal vergesse ich sie gar zu lange, dann wird ihre Miene länger, ihr Teint bräunlich. Und ich werfe sie einfach weg.

Die wahre Geschichte von Sisyphus

In Ermangelung eines Plans für das Ganze zerschneide ich meinen Garten mit kleinen Alleen, Rabatten und ähnlichen Schneisen, alle ungefähr so schlecht miteinander verbunden wie die indischen Eisenbahnlinien. Meistens erscheint mir das Vorhandensein von Wegen unerläßlich, aber manchmal sehe ich ihre Notwendigkeit nicht ein. Schließlich läuft es sich auf Gras sehr angenehm, man schlendert umher, wie die Phantasie es einem eingibt, frei von dem Zwang, mit seinen Schritten in einer ein für allemal vorgeschriebenen Spur zu bleiben. Trotzdem jäte ich hartnäckig die geraden oder gewundenen, sich schlängelnden Pfade, entstanden aus der Lage der Blumenbeete oder den Gewohnheiten der Schritte. Es ist eine Art, den Garten zu verästeln, ihn in Promenaden zu unterteilen, Plätze zum Träumen anzudeuten, zur Entdeckung der verborgenen Seiten eines Strauches aufzufordern. Mein Garten ist nicht dafür gemacht, sich zur Schau zu stellen, sondern um darin herumzuschlendern, ihn zu bewohnen, zu berühren. Gärten von Landschaftsarchitekten, entworfen wie ein Bild, das man mit einem einzigen Blick in sich aufnimmt, langweilen mich. In solchen Gärten, so harmonisch sie auch sein mögen, verliert man die Neugier darauf, sich in ihrer Tiefe zu verlaufen.

Pfade winden sich um Blumen- und um Gemüsebeete, trennen die Himbeersträucher, verlaufen neben Rosenrabatten und haben unter anderem die Aufgabe, Gartenarbeit zu erleichtern. Kräuter auf der einen Seite, Blumen auf der anderen, das klärt die Aufgaben. Die Bezeichnung «Alleen» scheint ein wenig pompös für das, was lange nur unordentliche und willkürliche Pfade waren, gesäumt von Buchsbaumembryonen oder von gar nichts. Die ersten Jahre mit meinem Garten waren Jahre des Kampfes und der Entmutigung. Meter um Meter habe ich versucht, diese verdammten Alleen vom Unkraut zu befreien. Es war schmerzhaft.

Das ist die wirkliche Sisyphusarbeit. Die Geschichte mit dem Felsen ist bloß eine Bagatelle, ein Zeitvertreib von Intellektuellen. Die wirkliche Aufgabe, zu der Sisyphus für alle Ewigkeit verdammt wurde, kann gar nichts anderes sein, als Gartenwege zu jäten: ein ewiger Wettlauf, um immer wieder bei Null anzufangen. Die Arbeit, die noch getan werden muß, läuft immer schneller als die, die gerade getan wird.

Ich hacke den Boden bis zur Erschöpfung, hacke alles ab, was da an Unkraut wächst und wieder wächst, immer mit der gleichen mechanischen und sich wiederholenden Bewegung, immer im gleichen Rhythmus, der den Rücken krümmt, der die Silhouette in eine komische, plumpe Statue und den Körper in einen einzigen Krampf verwandelt, welcher sich vom Genick aus heimtückisch über die Schultern in die Arme, über den Rücken bis in die Knie ausbreitet. Und ich kette mich nicht nur freiwillig an dieses endlose Wieder-von-vorne-Anfangen, ich füge auch noch jedes Jahr ein Stück hinzu. Einen Meter Gartenweg oder eine Rabatte Küchenkräuter. Noch ein Stückchen gerodet oder gelichtet, noch ein Stückchen Weg rund um ein neues Blumenmassiv, oder eine endlich saubere Verbindung zwischen zwei Gemüsebeeten. Meine Hacke wird zusehends schmaler, weil ich sie ständig schleifen muß.

Ich hacke und jäte völlig nutzlose Gartenwege, weil ich träume. Ich träume von einem Garten, in dem ich mit langsamem Schritt herumschlendern könnte, mich in einem Hain hinsetzen, ein Blatt abzupfen und warten, bis die Aufregung einer Grille sich gelegt hat und sie wieder weiterzirpt. Einem Garten, in dem ich mit leerem Kopf herumspazieren könnte, ohne an das Aufräumen zu denken, das zu meinen Füßen erledigt werden müßte, an die Winden, die ihre Sterne stricken, den Hahnenfuß, der seine Samenwolken abwirft, oder an die Brennesseln, die ihre ganze Verwandtschaft anlocken. Mich einfach nur rundum im Kreis oder im Quadrat von der Lust am Schauen führen lassen oder vom Ende des Gartenweges. Ich träume von einem Garten, in dem man träumen kann. Also werkele ich wie eine Verrückte, damit ich mir eines Tages diese gelassene Beschaulichkeit gönnen kann, den Luxus, hier Gedichte zu schreiben, warum denn nicht? Ich möchte aus diesem winzigen Stück Erde meine private Promenade machen. Meine Klausur unter freiem Himmel, mein Monolog, meine Zuflucht.

Während ich darauf warte, hacke und jäte ich weiter, blöd und ohne Phantasie, Zentimeter um Zentimeter, ohne jemals zu gewinnen. Sobald der Frühling kommt, fange ich an zu jäten, und ich jäte bis in den Herbst. Das ist von erschreckender Monotonie, von gefährlicher Langeweile. Inzwischen kenne ich die Widerstandskraft jedes einzelnen Unkrautes gegen die Enthauptung. In einem Jahr habe ich es gegen meine Überzeugungen auf einem der schlimmsten Wege, einem Weg mit ungleichen und schlecht aneinandergefügten Steinen, mit chemischem Unkrautvertilger versucht. Natürlich ist das Unkraut ungerührt wieder gewachsen, aber die Prachtspiere daneben sind alle ein für allemal eingegangen. Ich habe das Experiment nicht wiederholt. Roßkuren im Garten verursachen mir Unbehagen und Schuldgefühle. Im Kampf mit der Natur muß man faire Mittel einsetzen, um seine Rechte nicht zu verwirken. Beim Jäten meiner Gartenwege habe ich ziemlich viele Stunden verloren und mir dafür Rückenschmerzen eingehandelt; aber ich habe auch diese Harmonie mit meinem Garten gewonnen, ein Einvernehmen, das sich allmählich zeigt. Der Kampf besteht nur noch aus halbherzigen Scharmützeln.

Eine Kunst wider die Natur

Es sind nur die Gärten der anderen, die man mit gutem Gewissen genießt. Nicht im eigenen Garten, nur anderswo bewundert man in aller Ruhe das Purpur einer Kletterrose, schwatzt man wie der Wind im Blattwerk so dahin und begeistert sich für das Leuchten des Löwenzahnes. Nur in anderer Leute Gärten ist die Zaunwinde von zarter Poesie. Im eigenen Garten verdrängt der Ordnungssinn sehr schnell die Freude am Herumtrödeln. Trotz ihrer Diskretion wird die Zaunwinde zum Störenfried, zum Feind, den man ausreißen muß. Man erlaubt sich keine Phantasie, man macht sich eine Gartenkarte, einen Arbeitsplan, eine Reihenfolge der Prioritäten. Anstatt gelassen den rosigen Überschwang der Lupinen zu bewundern, die blauen Lanzen des Lavendels, die bunte Pracht der Astern, die Clematis, die an englisches Porzellan erinnert, oder die Fülle der Stockrosen, bemerkt man zuerst und beinahe ausschließlich die Regimenter von kleinen Unkräutern, die zu Füßen der Blumen schon wieder auf der Lauer liegen. Eine entmutigende Aufgabe: eine Baustelle, die niemals fertig wird.

Die Gärtnerei ist eine Kunst wider die Natur. Ständig muß man die sogenannten Unkräuter unterdrücken, weil sie zu gut gedeihen, weil sie hier Heimatrecht haben. Gleichzeitig muß man die Fremden fördern, die Eindringlinge, die keine Rechte haben, die man mit Gewalt ansiedelt und mit allen möglichen Kunstgriffen beschützt, mit besonders guter Humuserde, mit Kompost, Gießen und Beschneiden. Man kann darin eine gute Definition des Kolonialismus sehen. Der Machtkampf ist hart, und der Eindringling muß unentwegt Druck ausüben. Es genügt, sich selbst überlassene Gärten anzuschauen und die Geschwindigkeit, mit welcher die einheimischen Pflanzen die Köpfe wieder recken und die anderen, die Fremden, ersticken, um die Vergeblichkeit aller Gartenkunst zu begreifen. Manche Pflanzen blühen noch eine Weile, aber sie verkümmern schnell.

Ich finde es ein bißchen lächerlich und auf absurde Weise menschlich, hier bei uns voller Stolz Pflanzen aus ganz anderen Regionen anzusiedeln. Und anderswo produziert man Pflanzen von hier. Die armen Unkräuter sind nur die für unseren Boden am besten geeigneten Pflanzen, Teil der hier heimischen Natur. Entgegen jeglicher Logik weicht die Natur um so rascher zurück, je mehr sich die Gärten ausbreiten. Es kommt sogar so weit, daß man die Natur darüber vergißt. Wer kann noch alle heimischen Pflanzen seiner Region aufzählen? Ein Versuch, der von vornherein zum Scheitern verurteilt ist. Wer weiß, wie sein Garten ausschauen würde, wenn er der Natur ein paar Jahre, ein paar Jahrzehnte, ein Jahrhundert lang ihren Lauf ließe? Welche Bäume würden dann Wurzeln schlagen?

Die sogenannten Unkräuter, Brennesseln, Zaunwinden, wilder Borretsch, Melden, Klee und Hahnenfuß, sind nur die ersten Pflanzen, die auf einem Stück Land auftauchen, dem man seine Freiheit läßt. Sie kennzeichnen eine Übergangsphase. Sie bereiten den Boden vor, häufen Humus auf für ihre Nachfolger, für Sträucher und Bäume. Auf alten Bauernhöfen hat man neben Feldern und Gemüsegärten den Bäumen Platz gelassen, und so konnten herrliche hundertjährige Ulmen oder Nußbäume heranwachsen. Heute gibt es keine Gelegenheit mehr, solche Veteranen in den Gärten zu bewundern, obwohl es doch immer mehr Gärten gibt.

Man plant seinen Garten im günstigsten Fall für die Dauer einer Generation. Er ist klein, und man bepflanzt ihn klein. Der Inbegriff des schönen Gartens besteht aus der größtmöglichen Anzahl verschiedener Sorten Sträucher und Blumen in allen Farben, die sich, möglichst das ganze Jahr hindurch, auf harmonische Weise ablösen. Genau das Gegenteil der sich selbst überlassenen Natur. Der schöne Garten ist letztendlich ein sehr künstlicher Garten, ohne Platz für das kleinste bißchen Ursprünglichkeit. Hinter der ästhetischen Bewunderung steckt der moralische Maßstab vom Lohn der Anstrengung, vom Menschen, der sich die Natur untertan macht.

Manchmal tut mein Garten mir leid. Ich betrachte ihn wie ein Schlachtfeld, auf dem ich blindlings mit dem Säbel herumfuchtele. Meinen Gegnern ist nichts vorzuwerfen, außer daß sie eben den Boden zurückgewinnen wollen, der ihnen gehört. Dabei bemitleide ich mich auch selbst. Aus diesem Blickwinkel betrachtet, scheint der Kampf zu ungleich, und nun stecke ich in der Rolle des Eindringlings, besessen von einem stupiden Ziel, das genauso langweilig und vergänglich ist wie Hausarbeit. In Augenblicken der Entmutigung überkommt mich die Versuchung, die Hacke in die Brennesseln zu werfen.

Warum bestehe ich eigentlich dickköpfig darauf, gerade an der Stelle Rittersporn haben zu wollen, an der mit weniger Pracht, aber auch mit weniger Plackerei wilder Goldlack wächst? Dort, wo ich regelmäßig Taglilien pflanze, die ein schlechtes Ende nehmen, breitet sich gebieterisch der Mohn aus, reckt die Blütenköpfe wie aufmerksame und undisziplinierte Schüler. Warum sich abmühen, um sie auszureißen? Die Menschen scheinen chemische Unkrautvertilger nicht erfunden zu haben, um sich die Arbeit, sondern um sich das schlechte Gewissen zu ersparen, um sich bei der Ausrottung der armen Verwandten des Gartens nicht die Finger schmutzig zu machen. Eine unsichtbare chemische Substanz übernimmt die Rolle des Henkers, die Gärtner behalten, wie Pilatus, saubere Hände und können das Flehen der einheimischen Bevölkerung ignorieren, die mit nackten Wurzeln und zerbrechlichen Blüten im zarten Alter hinweggerafft wird.

Es betrübt mich immer, die ganz neuen und zerbrechlichen Triebe am Pflaumenbaum, Flieder, Holunder oder Wunderbaum abzuschneiden, die doch nur unbehindert wachsen möchten, sich über die Grenzlinien, über den engen Raum hinausschwingen, den ich ihnen despotisch zugeteilt habe. Ich zögere, ich mache Ausflüchte, ich kann mich nicht entschließen. Ich lasse einen winzigen Busch stehen, der mitten in den Erdbeeren aufgetaucht ist, noch kaum höher als sie. Ich beschwichtige mich mit dem Vorsatz, ihn später an eine passendere Stelle umzupflanzen, oder sogar in einen Topf auf der Fensterbank. Es eilt nicht, diese schüchternen Embryonen von Bäumchen wachsen zuerst so langsam. Doch eines Tages überrumpeln sie mich, sind plötzlich groß und stark geworden und machen sich breit. Sie beanspruchen Platz; schon wirft der eine Schatten auf die Gemüsebeete. Schon läßt der Sonnenhut die Köpfe hängen und sackt blutarm zusammen, wie ausgesaugt von der Forsythie, die sich durch Zufall mit einem Steckling hier angesiedelt hat und nun sehr stolz ist.

Eines Tages muß man wählen. Einen Baum zu fällen, selbst einen abgestorbenen, ist eine traurige Aufgabe.

Frühlingsverwirrungen

So, jetzt geht's wieder los. Die Himbeersträucher, die gestern noch kaum Blätter hatten, recken heute ihre Ranken um mindestens einen halben Meter und scheren sich dabei überhaupt nicht um ihren so einladend gespannten Drahtrahmen. Wieder einmal fange ich zu spät damit an, werde ich Stunden damit verbringen, die Ranken zu entwirren, sie vorsichtig zu biegen und hinter die Drähte zu ziehen und dabei riskieren, die Blätter abzureißen und die kaum geformten Knospen zu enthaupten.

Inzwischen nutzen die Erdbeeren die Zeit, um Unmengen von Trieben zu fabrizieren, mahnende Finger, die ich sortieren, auswählen, auslichten müßte. Es hat viel geregnet. In drei Tagen wachen alle Unkräuter auf, wachsen wie verrückt, nehmen überhand, breiten sich in alle Himmelsrichtungen gleichzeitig aus, erobern, ohne auf Widerstand zu stoßen, Wege, Rasen, Blumen- und Gemüsebeete. Sie machen sich nicht einmal mehr die Mühe, sich zu verstecken, sich unauffällig heranzuschleichen, sie recken die Köpfe wie Schaumkronen auf den Wellen eines stürmischen Meeres.

Und natürlich die Kürbisse, die Riesen-, Flaschen-, Butterblumen- und Spaghettikürbisse und Kalebassen, und alle meine Deklinationen der Kukurbatizeen – gestern noch so unansehnlich, beginnen sie heute ihren Wettlauf zur Gigantomanie. Ich weiß nicht, wo und wie ich zuerst mit dem Knospenabknipsen, -auslichten und -umsetzen anfangen soll. Die kleinen Einlegegurken verlangen, unverzüglich auf ihrem Spalier festgebunden zu werden.

Die Erbsen, spärlich rankend und perplex vor ihren zu dünnen Reisigstützen, sacken an manchen Stellen zusammen oder klammern sich tückisch am Thymian, am Sauerampfer oder an sonst irgendeiner Pflanze fest, die in ihre Reichweite gerät. Was die Karotten und den Lauch angeht, so wachsen sie beinahe zu gut und weisen schon durch diesen Umstand darauf hin, daß ein richtiger Gärtner jetzt sofort ihre Reihen auslichten und die Pflanzen versetzen würde. Aber wohin versetzen? Vielleicht auf den Platz der Erbsen, in der Hoffnung auf eine sehr frühe Ernte … Mangels akribischer Planung wird die Platzverteilung in einem Gemüsegarten zu einer Aufgabe für die Phantasie.

Meinen Flieder habe ich auch noch nicht geschnitten, vielleicht ist es schon zu spät dafür. Die Clematis droht mitsamt dem alten Spalier zusammenzubrechen und befiehlt mir so, ihre neuen Zweige anzuspalieren. Die Weinreben ebenfalls. Die Kletterrosen ersticken sich gegenseitig auf ihrem Gitter, so dicht und schwer ziehen sie daran und hängen in völliger Anarchie herunter. Man müßte nur einfach noch ein paar Drähte weiter oben spannen und die Ranken sorgsam auf die verschiedenen Etagen verteilen, die eine hier, die nächste ein wenig weiter oben und so weiter. Pflanzen und Gärtner behindern sich unentwegt gegenseitig.

Natürlich müßte ich mich auch unverzüglich um die Geiztriebe der Tomaten und ihre eventuellen Krankheiten kümmern. Und schleunigst den Sauerampfer schneiden, der in Samen schießt und ihn rundum verstreut. Die Margeriten bemühen sich, ihre dicken Büschel zu verdoppeln, sie ersticken meinen jungen Küchenlorbeer, man müßte ein paar Stauden herausnehmen und anderswo einpflanzen, in irgendeinem vorher freigemachten Winkel.

Und Sie haben meine Kokardenblumen noch nicht gesehen! Nein, die sieht man auch nicht, die kriegen keine Luft mehr. Erstickt zu Füßen des Essigbaumes, von all dem Unkraut, das so kräftig wächst, und von den Schößlingen des Baumes, die herausgerissen werden müssen. Ich kümmere mich nicht um die Dahlien, schon jetzt als zarte Stäudlein von Schnecken angenagt, um die Lilien mit den von Lilienkäfern verwüsteten Blättern, den gefräßigen Faulschimmel auf den Rosenstöcken, die Spuren der Blattläuse, all die Krankheiten, die Bäume befallen können, die Maiglöckchen, die schon lange darauf warten, daß ich sie umpflanze.

Ich lasse mich nicht vom Apfelbaum aufhalten, der Äpfel verheißt, wenn ich ihn jetzt nur richtig pflegen würde. Nicht von den Kartoffeln, die ausnutzen, daß ich vergessen habe, sie zu häufeln, und schlapp werden. Nicht vom Rhododendron, der an Durst und Bleichsucht stirbt und wünscht, ich würde ihn von seinen verwelkten Blüten befreien. Auch nicht von der Scheinquitte, diesem trägen Faulpelz, der sich mangels Korsett auf dem Boden ausbreitet. Der schlampig eingefaßte Komposthaufen quillt um diese Jahreszeit über von gedankenlos draufgepackten und nicht verwendbaren Schichten.

Die zerbrechlichen und faden Heidelbeeren warten darauf, daß ich sie von ihrem toten Holz befreie. Diese kränklichen Kümmerlinge setzen schon die blassen Mienen von Verstoßenen auf. Natürlich habe ich den richtigen Zeitpunkt verpaßt, um die Gewürz- und Heilkräuter zu pflücken und zu trocknen. Aber zuerst müssen die Heckenrosen, der Schmetterlingsstrauch und ein Rosenstock aufgerichtet und gestützt werden; zuerst muß ich mich endlich dazu entschließen, die unmögliche Thuja wegzuschaffen, die entschieden zuviel Licht und Boden beansprucht; zuerst muß ich die Glyzinen, die hartnäckig versuchen, das Dach zu überqueren, wieder auf den rechten Weg bringen.

Welche weiteren Pflanzen fordern ebenfalls sofortige Pflege? Alle! Vom Goldlack, der gerade die Akeleien zerdrückt hat – zweifellos mit Absicht, denn ich hatte sie ein gutes Stück weiter weg gepflanzt –, bis zum Rosmarin, der sich vornüber wölbt und unten in eine Art Mauser kommt; von der Myrte, die ihre Zweige zerbricht, um sich für meine Nachlässigkeit zu rächen, bis zu den Gurken, die gelb werden, entnervt von Wühlmäusen oder anderen Wühlern, die ich vertreiben sollte, indem ich Knoblauch anpflanze. Wenn ich einmal Zeit dazu habe …

Gegen Ende des Frühjahrs und ehe der Hochsommer den Tanz dämpft, gerät die Natur in Überschwang, in eruptive Raserei. Zu dieser Jahreszeit habe ich den Garten manchmal restlos satt, ich werfe die Flinte ins Korn, ich spiele nicht mehr mit.

Ich leide an dem ständigen Wettlauf, der schon beim Start verloren ist, an der Zwangsarbeit, an metaphysischer Zerrüttung. Zu dieser Jahreszeit rennt die Natur, rennt so schnell und so geschickt, daß ich auf jeden Fall immer hinterherrenne. Ich strampele mich mit schon überholten Arbeiten ab, während sich die dringenden und wichtigen Aufgaben ansammeln. Denn in einem Garten darf nichts vernachlässigt oder verschoben werden.

Mein Mangel an Erfahrung und Organisation verschlimmert sich noch durch ein Übermaß an Phantasie.

Im Winter lasse ich mich vom sanften, ruhigen Aussehen des Gartens täuschen. Er schläft und tut harmlos. Dann bilde ich mir ein, Herrin der Lage zu sein, die in Wirklichkeit aber nur für kurze Zeit entspannt ist, um dann in um so diabolischeren Schwung zu geraten. Im Winter begeistere ich mich also für Samen, für neue Blumenbeete, für Pflanzen, deren Aufzucht laut Gartenkatalog ganz einfach zu sein scheint. Ein neues Beet ist schnell umgegraben, Unkraut hacken eine methodische, ruhige Beschäftigung. Im Geiste lege ich den Garten neu an, ich säe und pflanze im Haus und in meinem Kopf, ich mache immer neue Pläne, und ich sehe den Garten farbenprächtig und in äußerst gepflegtem Zustand vor mir.

Wenn die Zeit kommt, wo aus den Samen Pflanzen werden und aus den Pflanzen kleine Urwälder, wenn alles wächst, blüht, jubelt, dann hört bei mir der Jubel oft auf. Mich überfallen Zweifel am Sinn einer Arbeit, die ständig unfertig bleibt. Zwischen drakonischem Eingreifen und zügelloser Nachlässigkeit wähle ich von nun an den Kompromiß. Geschniegelt und gebügelt wäre der Garten bestimmt häßlich. Aus Unkraut werden manchmal sehr hübsche Blumen. Und außerdem werde ich mir den Gemüsegarten eines Tages bestimmt vom Hals schaffen.

Tomaten

Bei den Gemüsen gebührt der Tomate die goldene Palme als umständlichstes Gewächs. Sie könnte mich beinahe so weit bringen, ihren Geschmack deshalb nicht zu mögen, das dumme Ding. Von der Aussaat bis zur Ernte darf man sie nicht aus den Augen lassen.

Immer kränklich und kümmerlich. Unser Klima hier in der Picardie bekommt ihr nicht. In ihren Ursprungsländern, in Lateinamerika, zeigt sie bestimmt einen besseren Charakter. Als sie aus Peru zu uns kam, nannte man sie Goldapfel oder Liebesapfel, sosehr beeindruckte sie die armen Franzosen, die vor dem Zeitalter der großen Entdeckungen nur wenige Gemüsesorten kannten, und ganz gewiß nicht unsere farbenfrohen Ratatouilles.

Die Tomate ist leuchtend rot, sie ist mild und zum Anbeißen saftig. Sie ist auch überall beliebt; es werden ständig neue Sorten gezüchtet. Man zählt inzwischen gut hundert verschiedene Sorten in allen Ländern, in allen Formen, allen Größen, allen Arten von Geschmack, Festigkeit und Widerstandskraft gegen Krankheiten.

Trotzdem bleibt sie in meinem Garten eine Fremde. Ich habe Mühe, sie zu akzeptieren; ihre Hinfälligkeit geht mir auf die Nerven. Die Anweisungen für ihre Zucht scheinen mir kompliziert und widersprüchlich. Im zweiten Jahr der Anpflanzung haben meine Liebesäpfel von vornherein beschlossen, mich zu ärgern. Sie sind anämisch, klein, kümmerlich und häßlich geworden. Also habe ich mir die Ermahnung zu Herzen genommen, Tomaten niemals zweimal an der gleichen Stelle zu pflanzen. Aber in einem anderen Gartenbuch heißt es, Tomaten würden ohne Probleme Jahr um Jahr auf dem gleichen Beet wachsen. Aufs Geratewohl habe ich es mit der Rotation versucht.

Tomaten sind unfähig, ohne große Umstände einfach nur zu gedeihen, also fabrizieren sie viel zu schwere Früchte für ihre Stiele. Man muß sie stützen. Ich habe gewissenhaft sechzig Zentimeter lange grüne Plastikstöcke aufgereiht, wie man sie im Handel kaufen kann. Die Tomaten sind noch höher gewachsen. Ich habe die Stützen ein paarmal ausgewechselt und zum Schluß fast zwei Meter lange, krumme und reichlich verzweigte Stangen gehabt, an denen ich die Stiele auch noch mit Schnur festgebunden habe, damit sie nicht umknicken und abbrechen.

Tomatenblätter und Stiele haben einen eisenhaltigen metallischen Geruch an sich, der mich an Geranien erinnert. Einen Geruch, den ich störend finde. Vielleicht riecht er sogar ein wenig wie Blut. Jedesmal, wenn ich mit den Tomatenpflanzen hantiere, ihre Stiele oder Blätter berühre, überfällt mich dieser Geruch. Zum Glück behalten die Früchte selbst keine Spur davon und riechen nach nichts anderem als eben nach Tomaten.

Die Sorgen fangen schon im Januar, Februar an, wenn man die empfindlichen Samen unter Dach und Fach und in Wärme aussäen muß. Dann müssen die winzigen Schößlinge in kleine Tontöpfe umgesetzt werden, immer noch im Warmen, wobei man auf keinen Fall die Würzelchen beschädigen darf. Wenn der Boden draußen endlich wärmer wird, können Optimisten einen ersten Ausgang mit ihnen wagen, sie frische Luft schnappen lassen, ehe man sie später in Reihen an einer windgeschützten und sehr sonnigen Stelle ins Freiland setzt. Oft finde ich es jetzt praktischer, junge Tomatenpflanzen zu kaufen, anstatt mit einiger Skepsis auf die versprochene strahlende Zukunft der Samen zu warten.

Damit Tomatenstauden gedeihen, muß man sie abknipsen. Abknipsen? Ich habe herumgerätselt, bis ich begriff, daß es darum ging, mit den Fingernägeln alle Blätter und Triebe abzureißen, die nichts zur Entwicklung der Früchte beitragen, sondern im Gegenteil der Pflanze Kraft wegnehmen und zuviel Schatten verursachen. Man kneift also die Triebe ab, die sich am Ansatz eines Nebenzweiges vom Hauptstiel bilden. Ich habe einen ganzen Sommer lang herumprobiert, bis ich das richtig konnte. Jetzt erkenne ich sie schon von weitem. Sie wachsen aufrechter, sind von hellerem und zarterem Grün.

Gegen Ende des Sommers, wenn die Sonne nicht mehr so heiß scheint, verlangen die Tomaten, daß man sie von einem Teil oder gar von allen ihren Blättern befreit, damit die Früchte alles Sonnenlicht aufnehmen können. Da stehen dann diese langen, nackten und traurigen Stiele, an denen Weihnachtskugeln baumeln, so häßlich und verschandelt wie Stadtpflanzen.

Endlich röten die Tomaten sich langsam, man pflückt sie eine um die andere mit unendlicher Dankbarkeit. Leider richtet sich der Herbst schon ein, gibt das Zeichen, den Garten aufzuräumen und auch die Tomaten alle abzunehmen, aber es sind noch immer grüne darunter. Sture, die nicht wollen, wie sie sollen. Der gärtnerische Einfallsreichtum findet immer neue Tricks, um alles zu verwenden. Aus grünen Tomaten kann man Konfitüre machen. In Eierschachteln aufgereiht und in einem kühlen Raum aufbewahrt, setzen die kleinen Tomaten notgedrungen ihre langsame Reifung fort. Da auch gerade Apfelzeit ist und Äpfel Acetylen ausströmen, das die Reifung beschleunigt, kann man eine grüne Tomate zusammen mit einem

Apfel in einen Plastikbeutel stecken. Eine Prüfung für die Brüderlichkeit der Pflanzen in Gefangenschaft. Mein Versuch verlief unentschieden: Die Äpfel drohten zu faulen.

Doch vorher, den ganzen Sommer lang, während man Blut und Wasser schwitzt beim Warten darauf, daß die Tomaten geruhen, rosig und dann rot zu werden, überkommt sie eine Laune nach der anderen, eine Krankheit nach der anderen. Nicht genug Wasser oder zuviel, und sie werden gleichsam ohnmächtig, entwickeln Mehltau, Kraut- und Braunfäule. Ihre Rundungen nehmen die Farbe eines Pfannenbodens an; alte Gartenbücher nennen diese Verunstaltung der Tomaten die Schwarze Krankheit. Um das zu vermeiden, begießt man sie nur von unten und auf keinen Fall die Blätter. Trotzdem werden diese manchmal gelb, weiß oder braun und fallen dann ab. Die Tomaten bekommen schwarze Kringel. Sie kämpfen nicht einmal dagegen an. Man kann ihnen helfen, indem man den Stiel ganz unten vorbeugend mit einem Kupferdraht umgibt. Wirklich, man muß ihnen jede Kleinigkeit abnehmen.

In diesem Jahr habe ich also meine Tomaten mit einem schönen Kupferring versehen. Ich rede mir ein, daß diese zartfühlende Aufmerksamkeit ihnen geholfen hat, länger zu widerstehen. Aber vielleicht war es auch nur eine gute Sorte. Hybriden sind normalerweise resistenter gegen Krankheiten.

Cocktailtomaten, nicht größer als Murmeln, zeigen einen sympathischeren, heiteren Charakter. Halb Dekoration, halb Nahrung, gleichen sie hübschen Beeren, die man im Vorbeigehen vernascht, wenn der Appetit irgend etwas verlangt und die Finger irgend etwas pflücken möchten. Sie wachsen dicht, in niedrigen, lustigen Stauden und brauchen nur kurze Sprossenstützen, um ihre Neigung zum Kriechen zu bremsen. Robuster als die dicken, pausbäckigen Großen, sind sie mit einem Minimum an Pflege zufrieden, mit nachlässigem Abknipsen und sporadischem Begießen. Hübscher in Blumenbeeten als im Gemüsegarten, mischen sie sich unter die anderen grünen oder blühenden Stauden. Ich mag es, wenn sie mir im Vorübergehen aus meinen Blumenbeeten zuzwinkern.

Die Cocktailtomaten legen ihren ganzen Schalk darein, Wildlingen zu gleichen. Sie können einfach überall wachsen, haben oft nichts mit Krankheiten und Parasiten im Sinn. Sie machen sich ein Vergnügen daraus, sich in allen vier Himmelsrichtungen des Gartens auszusäen, vorzugsweise dort, wo man sie am wenigsten erwartet.

Jedes Jahr finde ich welche, die mitten zwischen den Erbsen oder den Kürbissen die Augen aufmachen, zu Füßen der Rosen oder arglos versteckt zwischen den Dahlien. Ich reiße sie nicht heraus, mir gefallen sie, und ich lasse sie auch dort als Zeugen meiner vergangenen Mühen und all der Samen, mit denen ich den Boden überfüttert habe und die er mir manchmal nicht zurückgegeben hat.

Die Samen der Cocktailtomaten keimen ganz von allein. Nun gut. Aber mich verwundert, daß sie immer anderswo keimen, zehn oder zwanzig Meter entfernt von ihrem ursprünglichen Standort. Sie sind zu schwer, um vom Wind fortgetragen zu werden; habe ich sie also durch mein Hin und Her mit dem Schubkarren verpflanzt? Oder haben die Vögel zu einer Zeit, in der sie keine Früchte mehr finden, sich von der schönen Farbe und der Ähnlichkeit mit Kirschen in die Irre führen lassen, sie gestohlen und sie dann, enttäuscht über den Betrug, etwas weiter weg wieder ausgespuckt? Vielleicht schmecken Cocktailtomaten ja irgendeinem fliegenden Allesfresser.

Die anderen Tomaten, die weichen, empfindlichen Dicken, gähnen vor Langeweile auf ihren Stützstangen. Sie haben keine Phantasie, sind alle dem Fatalismus verfallen und sinken beim geringsten Schreck in Ohnmacht. Sie sind die vorbestimmten Opfer für sämtliche Viren im Gemüsegarten, eine Brutstätte für Krankheiten. Sogar ihre Kadaver sind noch verdächtig, nach dem Herausreißen muß man Stauden und Stiele verbrennen, man darf sie auf keinen Fall auf den Komposthaufen werfen, sie würden alles vergiften. Die elementare Vorsichtsmaßnahme ist, die Stützen zu desinfizieren. Hygiene wie bei einer Quarantäne. Und dieser Geruch, der mich so sehr stört, ist vielleicht einfach nur der Geruch von Krankheit, von übelriechender Transpiration.

Um ihr morbides Ambiente ein wenig aufzuhellen, pflanze ich seit einigen Jahren zu jeder Tomatenstaude eine Staude Tagetes. Angeblich sollen diese kleinen Blumen Tomaten vor verschiedenen Krankheiten schützen. Das ist möglich. Aber ich glaube vor allem, daß ihre Fröhlichkeit die Paranoia ihrer Nachbarinnen bremst. Und außerdem: Wenn die Tomaten griesgrämig sind, kann man sie ignorieren und sich mit den Blumen unterhalten.

Ungeziefer!

In manchen Jahren sehen die Rosen am Ende des Sommers wie zerlumpt aus, mit grauem Teint wie Leberkranke und nur noch wenigen verschrumpelten Blättern. Der Apfelbaum läßt voll Verachtung wurmstichige Äpfel herunterfallen, einen nach dem anderen. Der Kirschbaum rollt seine Blätter verzweifelt über gefräßigen Kohorten von Blattläusen zusammen. Sämtliche Radieschen sind liebevoll von naschhaften Schnecken zugedeckt und durchlöchert.

Nicht zu reden von den armen Kohlköpfen, an denen die Larven der Kohlschabe nur das Blattgerippe übriglassen, vom mottenzerfressenen Sauerampfer, von den Heidelbeeren, die in die Höhlen der Feldmäuse absacken, den Himbeeren, bei denen in jeder einzelnen eine Made haust, den zu Lochspitzen verwandelten Dahlien, der Pfefferminze mit Rostbefall, den schwarzgefleckten Tomaten, den Weinreben mit Pusteln und den Lilien, die restlos von Lilienkäfern verschlungen wurden, noch ehe eine einzige Blume aufgeblüht war.

In manchen Jahren scheint der Garten nur von Schädlingen bewohnt zu sein, von zynischen und heimtückischen Vielfraßen, dickbäuchiges, saugendes, stechendes Ungeziefer mit krummen Zangen, sehr gut bewaffnet und zahlreicher als Sterne und Sandkörner. Sie greifen überall gleichzeitig an. Ihr methodisches Zerstörungswerk ohne chemische Produkte einzudämmen bedeutet, mitten im Aufstand die weiße Fahne zu schwenken. Entmutigung packt mich, ich habe Lust, alles hinzuschmeißen, meine Koffer zu packen und ihnen das Terrain bedingungslos zu überlassen.

Es ist unmöglich, an allen Fronten gleichzeitig zu kämpfen. Mein erster Rettungsversuch gilt meinen Bäumen, diesen Bäumen, die ich nie schön genug, nie groß genug, nie alt genug finde und die ich immerzu fördern und antreiben möchte. Zuerst die Invasion der Blattläuse stoppen. Nicht nur die Marienkäfer, auch Schwirrfliegen fressen gerne Blattläuse, bloß weiß ich noch immer nicht, wie die ausschauen. Bei den Obstbäumen habe ich es also mit Insektenleim versucht. Wenn der Baum noch jung ist, wickelt man einen Papierstreifen stramm um den Stamm und streicht den Leim darauf. Die Insekten, die hinauf- oder hinunterkrabbeln, bleiben daran kleben, und später wechselt man den Streifen aus. Es ist das gleiche Prinzip wie bei Fliegenstreifen, aber ohne Arseniksäure (oder wie bei der Schreibmaschine, wenn man das Farbband wechselt, nachdem man alle Spuren des Alphabets darauf gepreßt hat). Ältere Bäume halten es aus, wenn man den Leim gleich auf den Stamm streicht. Man muß das ziemlich zeitig im Frühjahr machen, ehe die Blattläuse aus dem Boden schlüpfen und angreifen. Beim nächsten Mal werde ich darauf achten, die Leimstreifen nicht erst in Höhe der Hände oder in Kopfhöhe anzubringen.

Die Leimstreifen begrenzen zwar den Schaden durch die aus dem Boden krabbelnden Insekten, aber nicht den der fliegenden Insekten, der Schmetterlinge, die in den Apfelblüten ihre Eier ablegen. Zur Dezimierung der Würmer empfiehlt man, die Vögel zu schützen, vor allem die Spechte. Die Vögel schützen? Wie anders, als daß man sie in Ruhe läßt ... Ich fürchte, irgendein freundlicher Specht, der meinem Obst zu Hilfe kommt, wird einmal mit den Füßen auf meinem Leimstreifen kleben-bleiben.

Vor dem Zeitalter der Chemie haben die Gärtner sich mit Sud aus Holunderblättern gegen die Schnecken gewehrt, oder sie haben mit Schwefel bestrichene Fackeln angezündet und den Rauch an den Baumstämmen entlang und durch das Blattwerk ziehen lassen. Solch ein Ausräuchern war vielleicht wirksam, aber Baum und Blätter haben dabei ganz gewiß einen Hitzschlag gekriegt. Ich würde diese Methode niemals riskieren. Meine Äpfel werden weiter wurmstichig sein, aber das Blattwerk meines Apfelbaumes wird besser aussehen. Das ist ein erster Fortschritt.

Als zweites sind die Schnecken an der Reihe; sie tragen den pompösen Sammelnamen Mollusca Gastropoda, aber bei mir heißen sie schlicht die Schleimer, die Glitschigen, und ich unterscheide sie summarisch nur als kleine schwarze, kleine weiße und große orangene. Diese sind ganz besonders ekelhaft, vor allem wenn man versucht, sie totzudrücken, denn trotz ihres schwabbeligen Aussehens liegen sie wie ein fester Widerstand unter dem Fuß. Und sie flutschen davon. Kein Problem mit den anderen Schnecken: Wenn man sie auf einen flachen Stein legt, kann man sie mit einem anderen Stein erschlagen oder, wenn einem das lieber ist, mit einem Stück scharfem Glas zerhacken. Kurz, sadistischer Erfindungsgabe fällt immer etwas ein.

Nebenbei: Wer weiß, welche Beziehungen diese drei Sorten Schnecken untereinander haben? Handelt es sich um eine einzige Familie in verschiedenen Altersstufen, erste, zweite und dritte Generation, vom Kinderzimmer bis zum Pflegeheim? Oder haben sie nur gemeinsam, daß sie zusammen im selben Garten leben, in meinem? Ich habe sie niemals miteinander gesehen. Immer nur entweder die schwarzen oder die weißen, die hellen oder die orangenen. Die Schneckengesellschaft scheint ziemlich rassistisch zu sein.

Die Schnecken kehren mit den Regenschauern zurück und haben ihre festen Ausgehstunden. Am Morgen, wenn es feucht ist, sind sie besonders umtriebig. In den Radieschen zum Beispiel: Schnecken sind verantwortlich für die kleinen Löcher in den rosa Bällchen. Ich habe helle Schnecken gesehen, die sich völlig um die Wurzel herumgewickelt hatten. Reglos. Sie fressen oder sie verdauen, sie träumen, die Unschuldslämmer. Zu Dutzenden. Eine Stunde später ist keine einzige mehr zu sehen. Sie haben sich im Boden versteckt. Wenn man ein wenig kratzt, findet man ein Nest aus weißem Schneckenschleim, leicht wie ein Spinnennetz.

Den Dahlien ergeht es genauso. Die Stauden sind noch ganz klein und zart, und dann ist eines schönen Tages bloß noch ein Stengelstummel am Boden übrig. Die Schnecken sind vorbeigekommen, und die halten sich nicht mit Kleinigkeiten auf. Wenn die Dahlie diese Attacke überlebt, wird sie größer, härter, und die Schnecken, ob mit oder ohne Haus, wechseln die Diät.

Um mit einer derartigen Landplage fertig zu werden, kann man listig ihre ausschweifenden Neigungen nutzen. Schnecken schwärmen für Bier. Es genügt, eine Untertasse voll Bier hinzustellen, und schon kommen sie, saufen sich voll und gehen an Alkoholvergiftung ein. Ein wohlverdienter Säufertod. Ich frage mich aber doch, wer auf diesen Trick gekommen ist.

Das muß ein seltsamer Gärtner gewesen sein, der sein Bier draußen vergessen und schal hat werden lassen.

Die Schneckenfallen, die im Handel verkauft werden, erinnern an Konservendosen mit einem kleinen, konischen Hut darauf, in der Art von Nippes für den Kaminsims. Sie sind grün und hübsch und sehen gar nicht wie eine Falle aus. Ich füllte diese Dosen bis zur halben Höhe mit Bier und verteilte sie bei den Radieschen und den Dahlien. Am nächsten Tag lag ein halbes Dutzend Schnecken darin, große orangenfarbene und kleine schwarze, die sich in Ekstase umgebracht hatten. Tatsächlich mausetot. Der Krieg gegen die Schnecken kommt teuer: beinahe eine Dose Bier pro Falle, die jeden Tag frisch aufgefüllt werden muß. Eine trübe Brühe, schleimig wie Eiweiß, in der die Mollusken eingeweicht liegen … Ich weiß nicht, wohin ich das schütten soll.

Im Gegensatz zu ihren Vettern mit Haus dienen Nacktschnecken als Regenmesser, als Anzeichen für die gerade herrschende Feuchtigkeit und als Vorwarnung für einen kalten Frühling: «Zu Weihnachten Schnecken, zu Ostern Frost.» Ich habe noch nie zu Weihnachten Schnecken gesehen. Allerdings pflege ich auch nicht nach ihnen zu suchen.

Blattläuse, Knoblauch und Kapuzinerkresse

Ich wollte meinen Rosen die alljährliche Heimsuchung durch den schrecklichen Faulschimmel ersparen und pflanzte rund um jeden Rosenstock wie einen magischen Kreis Knoblauch. Der Pilzbefall ging tatsächlich zurück, zögerte, und dann hat er sich wohl an den Knoblauchgeruch gewöhnt oder

sich die Nase zugehalten und wieder angegriffen. Das Blattwerk meiner Rosen ist schon wieder mit kleinen weißen oder schwarzen Sternen gesprenkelt, verliert Glanz und Farbe, wird, vielleicht ein bißchen langsamer als in den Jahren zuvor, zu einem Schatten seiner selbst. Dem Knoblauch geht es gut, er wächst und gedeiht. Rosenstöcke sind bevorzugte Opfer von Blattläusen, deshalb säe ich zu ihren Füßen außer Knoblauch auch noch Kapuzinerkresse, die den Ruf hat, Kohorten von Blattläusen zu vertreiben oder vielmehr auf sich zu lenken, denn Kapuzinerkresse ist ihr Lieblingsfutter. Kapuzinerkresse gedeiht problemlos, arglos, ohne zu ahnen, was ihr bevorsteht. Zynisch wünsche ich ihr, tüchtig zu wachsen und viele Blüten zu bekommen. Überall, wo ich sie aussäe, heben sich die runden, flachen dunkelgrünen Blätter vom Boden ab, mehr oder weniger dick, mehr oder weniger dicht beieinander.

Die Morphologie der Blätter und Blüten erinnert ein wenig an die der Riesenkürbisse. Junge Kapuzinerblüten kann man als Salat essen, aber mir ist es lieber, sie mästen die Blattläuse. Um nichts dem Zufall zu überlassen, säe ich Zwergkapuzinerkresse zu Füßen der Zwergrosen, normal große Kapuzinerkresse zu Füßen der Buschrosen, und Kletterkapuzinerkresse zu Füßen der Kletterrosen.

Es werden manchmal solche Mengen, daß es schwierig ist, unter den Rosen zu jäten, ohne die Kapuzinerkresse zu beschädigen oder den Knoblauch, der auch in Massen wieder wächst. Ein bißchen chaotisch, aber die Szene ist nicht häßlich anzuschauen, mit den leuchtenden Blüten der Kapuzinerkresse.

Es ist eine einjährige Pflanze, die in jedem Frühjahr neu ausgesät werden muß, und ich finde ihre Freigebigkeit geradezu unerschöpflich. Die Kapuzinerkresse hat mir die Überraschung bereitet, an manchen Stellen von alleine wieder aufzutauchen und zu blühen. Eine der herzbewegenden Freuden, die man manchmal vor ganz kleinen Dingen empfindet: wenn ich, den neuen Samen in der Hand, ein paar Zentimeter neben dem Platz der vorjährigen Pflanzen, winzige Blättchen wiedererkenne, klitzekleine

Sträußchen Kapuzinerkresse, die sich gerade wie Sonnenschirmchen entfalten. Trotzdem lege ich meine neuen Samen als Nachbarn noch dazu. Je üppiger die Kapuzinerkresse wächst, desto besser.

Kaum sind die ersten Blüten da, legen sie Trauer an, verschleiern sich schwarz, wenn die Blattläuse sich auf das Festmahl stürzen, Stiele und Blätter wie mit einem Überzug bedecken und keinen Millimeter frei lassen. Die Kapuzinerkresse trägt es mit Fassung. Was die Rosenstöcke angeht, so scheinen sie vorläufig davongekommen zu sein; *diese* Blattläuse verschmähen sie, aber sie müssen noch eine andere Sorte fürchten, die ihre Eier heimtückisch unter der Rinde ablegt und der Pflanze den Saft von innen absaugt. Und ich habe so meine Zweifel. Abgesehen von den Schuldgefühlen, die mich heimsuchen, weil ich die unschuldige Kapuzinerkresse den Blattläusen zum Fraß vorwerfe, frage ich mich, ob es nicht ihre Vermehrung fördert, wenn ich diese Gefräßigen so großzügig mäste.

Blattläuse haben die Mentalität von Eroberern und sind zu Beginn des 19. Jahrhunderts bei uns gelandet. Ich wüßte gern, wie das Gärtnern vor ihrer Ankunft war. Sie sind aus Nordamerika zu uns gekommen, haben zuerst in der Normandie haltgemacht, sich in den freundlichen Obstgärten und Hainen von der langen Reise erholt und dann von dort aus Frankreich erobert. Ich nehme an, sie haben sich in ganz Europa ausgebreitet und noch darüber hinaus. Meinen Garten halten sie jedenfalls besetzt.

Jedes Jahr, zur gleichen Zeit wie die Betrachtungen über den verregneten Frühling, ertönt ein Alarmschrei: «Da haben wir's! Die Blattläuse sind da!» Sie tauchen in Wellen auf, eine lautlose Armee, die ernährt werden will, steigen in geschlossenen Reihen aus dem Boden auf, klettern bis zu den Knospen hinauf. Dort sammeln sie sich, rücken zusammen, bis sie so etwas wie eine zweite Haut bilden. Man könnte meinen, sie wollten verhindern, daß noch ein einziger Sonnenstrahl oder ein Regentropfen die

Pflanze erreicht. Wenige Blätter oder Blüten bleiben von ihnen verschont. Sie kommen so, wie die Jahreszeiten kommen. Manchmal grün, manchmal schwarz, einige sieht man gar nicht. Es fehlt nicht an Abwechslung: Es gibt über achthundert verschiedene Arten Blattläuse.

Ich habe unterschiedliche, zufällig in Zeitschriften oder Gartenbüchern gefundene Kuren ausprobiert. In einem Jahr versuchte ich es mit Nikotin, weil Blattläuse angeblich allergisch gegen Tabak sind, zarte Bronchien, Asthma und so weiter. Ohne die Methode zu kennen weichte ich Zigarettenstummel in einer Schüssel ein, schüttete die Brühe durch ein Sieb und goß die Pflanzen damit. Die Blattläuse werden sich amüsiert haben. Man muß den Tabak nämlich zu Pulver vermahlen und ausstreuen. Und woher soll man wissen, welcher Tabak am wirksamsten ist? Ich neige zum blonden, aus Amerika importiert, genau den, vor dem die Blattläuse geflohen sind, als sie sich nach Europa eingeschifft haben.

Eine weitere sanfte Methode besteht darin, ihre natürlichen Feinde zu schützen. Die Marienkäfer mit zwei oder sieben Punkten, zum Beispiel. Doch Marienkäfer kann man eigentlich nur schützen, indem man sie nicht erschlägt, was eine ziemlich unzulängliche Methode zu sein scheint. Die «Blattlauslöwen» halten, was ihr Spitzname verspricht; sie heißen auch Florfliegen, und ihre Larven vertilgen massenweise Blattläuse, sind also ausgesprochene Nützlinge im Garten. Man hat beobachtet, daß Blattläuse auf das Besprühen mit Salzwasser reagieren. Die Wirksamkeit dieser Methode scheint mir recht zweifelhaft bei Flächen, die größer sind als ein Fensterbrett. Außerdem würde ich es niemals wagen, meine Rosen oder meinen Kirschbaum zu salzen. Ich hätte zuviel Angst, daß auch sie kein Salz mögen.

Manchmal führen Ameisen einen auf die Spur der Blattläuse. Wenn Ameisen im Gänsemarsch an

einer von Blattläusen befallenen Pflanze hinauf- und hinunterlaufen, so darf man nicht glauben, sie wären dabei, sich einen Vorrat an Blattläusen zu holen und ein bißchen bei der Reinigung der Natur zu helfen. Die Ameisen arbeiten bloß auf ihrem Bauernhof, sie halten sich Blattläuse und melken sie, wie man Kühe melkt. Sie mögen den Saft, den die Blattläuse ausschwitzen, und da sie in allem gut organisiert sind, schonen sie die Läuse. Wer weiß, ob die Ameisen nicht so weit gehen, die kleinen Wehwehchen der Blattläuse zu pflegen, ihre Allergie gegen Nikotin, Salzwasser oder sonst irgend etwas? Gegen Ameisen kann man Kaffeesatz unter den Pflanzen verstreuen; aber man liest nicht ihren Tod darin: Sie kommen am nächsten Tag wieder.

Voll Unentschlossenheit tue ich nicht viel. Ich zerquetsche Blattläuse, das hinterläßt an den Fingerspitzen eine grüne, ziemlich eklige, ziemlich nutzlose Melasse. Ich hacke den Boden, ich bestreiche meine Bäume mit Leim, ich versuche dieses und jenes oder gar nichts. Und wie wir alle hoffe ich, daß der Winter kalt wird, kalt genug, um all diese Eier, Larven, Insekten und Schnecken umzubringen, aber nicht so kalt, daß der Oleander oder die Fuchsien, die Weinreben oder der Hibiskus erfrieren. Alles ist eine Frage der Dosierung.

Himbeeren und Vergißmeinnicht

Im letzten Jahr haben sich nur ein paar rachitische magere Bohnenranken mit offensichtlichem Widerstreben dazu herabgelassen zu wachsen. Schuld an dieser Verdrossenheit war die Bohnenfliege, eine besonders gemeine Fliege, die genau zu der Zeit, in der ich aussäe, ihre Eier in den Boden legt, damit die Maden sich an den Samen und den ersten Keimblättern mästen. Es ist einfach unglaublich, was im Boden alles vor sich geht, wenn man gerade nicht hinsieht. Am Ende meiner Bohnenreihe habe ich also auch noch Bergbohnenkraut gepflanzt, das wirksam gegen Bohnenfliegen sein soll. Trotzdem befürchte ich das Schlimmste. Die Bohnenreihe ist ziemlich lang und meine neue Bohnenkrautstaude noch recht mager. Nächstes Jahr wird sie dicker sein, aber vielleicht säe ich dann keine Bohnen.

Und die Himbeeren? Was tue ich für diesen Strauch, der so problemlos wächst und so großzügig trägt? Man kann sie sonnenwarm essen, die dunkelroten Beeren, sie im Vorbeigehen zerstreut abzupfen oder sie auf Torten, als Sirup, Konfitüre oder Sauce genießen. Den ganzen Sommer lang reifen sie im Übermaß. Also muß ich doch versuchen, sie vom Himbeerwurm zu befreien, der sie aushöhlt. Dem Rat eines Gartenbuches folgend habe ich zwischen die Himbeersträucher blaue und rosa Vergißmeinnicht gepflanzt. Die Himbeeren haben es verdient, daß man ihnen aus Dankbarkeit hübsche Gesellschaft zur Seite stellt. Die Vergißmeinnicht blühten alle, offensichtlich zufrieden mit ihrem Platz. Solange die Himbeersträucher niedrig waren, lagen die Vergißmeinnicht wie ein schöner blaurosa Hauch zu ihren Füßen, diskret und vage, rührend wie ein sanftes Schnurren. Die Himbeeren kamen mir weniger madenbefallen vor. Aber im Hochsommer, als die Sträucher groß und dick wurden, starben die kleinen Blumen an Luft- und

Lichtmangel, bis auf einige wenige am Rand. Man müßte die Himbeersträucher also in einer langen Reihe umpflanzen, mit einer Borte aus Vergißmeinnicht. Gartenarbeit hat etwas von der Restauration eines alten Ölgemäldes: Hinter jeder Schicht entdeckt man zwei oder drei weitere, die noch dringenderer Aufmerksamkeit bedürfen.

Beschwerden

So viele verschiedene Schädlinge ... Jeder hat seine Eigenheiten, seine Jahreszeiten, seine Lieblingsopfer ... auf so kleinem Raum – wie soll ich mich da noch auskennen? Ich vermute übrigens, daß die meisten Gärtner wenig über die Feinde ihrer Pflanzen wissen. Die Überlieferung hilft nicht viel: Jedes Jahr wandern aus Afrika oder Amerika neue Viren bei uns ein; früher waren die Parasiten regional, genau wie die Wirtschaft. Die Veränderung der Situation scheint nur gerecht, nachdem auch viele unserer Gemüse und Blumen ausländischer Herkunft sind.

Krankheiten, Parasiten, Pflanzenkrebs, Pilzbefall, alle mischen sich ein und vermischen sich, greifen manchmal zu mehreren gleichzeitig dieselbe Pflanze an. An einem Busch werden die Blätter runzlig; er hat eine Krankheit, das ist mir schon klar. Aber wie finde ich heraus, welche? Den Parasiten zu identifizieren grenzt an Zauberei.

Der Boden geht auf Distanz zu uns. Die Insektizide, die angeblich gegen alles helfen, treiben den Teufel mit dem Beelzebub aus. Man hantiert mit chemischen Produkten, die komplizierte Namen tragen, ein Abrakadabra, das man sich nicht merken kann, von der Zusammensetzung ganz zu schweigen. Ich lasse chemische Produkte links liegen, weniger aus Prinzip als aus Faulheit.

Zu gern wüßte ich, wie die Gartenarbeit früher war, als man nicht so viele verschiedene Pflanzen im Garten hatte, aber auch nicht so viele Schädlingsarten. Vielleicht war es damals einfacher, vielleicht auch langweiliger.

Kohlköpfe

Dieses Jahr habe ich keinen Kohl gesät oder angepflanzt. Mangel an Begeisterung. Mangel an Mut. Manchmal wird mir schwindelig vor dem unaufhörlichen Kreislauf aus Hunderten kleiner Einzelheiten, die Aufmerksamkeit und Handeln erfordern. Ich möchte lieber herumtrödeln, Blumen pflücken, den Vögeln zuhören, Blätter berühren oder an einem Grashalm kauen.

Doch jetzt kommt der Winter, und Leere gähnt dort, wo letztes Jahr Fülle herrschte. Es ist schön anzuschauen, so ein Beet voll Kohlköpfe. Sie liegen da: graugrüne, bläuliche, beinahe mineralische Skulpturen, vergessen im Regen. Wenn die Gemüsebeete sich eines nach dem anderen leeren, die Ernte aufgegessen, eingemacht oder eingelagert ist, dann sind die Kohlköpfe die letzten, die aufrecht und einsam noch im Freien widerstehen. Fest auf ihren dicken Sockeln verankert, nehmen sie es ganz allein mit dem schlechten Wetter auf.

Sie sind nicht mitteilsam, die Kohlköpfe. Sie beben nicht im Wind, sie ziehen sich nicht zusammen, wenn der Rauhreif Perlen auf ihren Blättern verstreut, sie rühren keine Blattrippe, wenn Schnee auf sie fällt. Kurz, sie sind dicke Phlegmatiker in versteinerter Pose. Aber wer weiß, vielleicht verbergen sie ein weiches Herz unter ihrem groben Äußeren! Beim Kohl wächst alles dick. Die grob genarbten Blätter werden beeindruckend großflächig, wie ein Herkules, der seine Muskeln spielen läßt. Die Blattrippen liegen an der Oberfläche und enden in dicken, knotigen Röhren.

Kohl gibt niemals auf, selbst wenn die Raupen der Kohlweißlinge ihn bis auf die Blattrippen abnagen. Stolz wie ein toter Baum hält er seine Blattskelette mit den nackten Rippen aufrecht. Dabei sind Kohlweißlinge mitleidlos, wenn sie erst einmal anfangen, und nagen so unablässig wie das Meer am Felsen Molekül um Molekül weg, bis nur noch ein Gerippe übrig ist.

Derartige Gefräßigkeit rechtfertigt alle Tricks, mit denen Gärtner experimentiert haben. Die einen empfehlen, Streu aus noch grünem Ginster zwischen den Kohlpflanzen auszubreiten. Andere raten, Asche über den Kohlköpfen zu verstreuen, vorzugsweise bei Regenwetter. Raupen mögen sicher keine Asche, aber ob der Kohl sie mag? Wenn man weder grünen Ginster noch Asche greifbar hat, könnte man im Notfall Hanf oder Klee zwischen den Kohlköpfen aussäen. Aber dann müßte man die Kohlköpfe jedes Jahr am gleichen Platz anpflanzen. Ich gebe es lieber auf, ständig Vorsichtsmaßnahmen zu ergreifen. Außerdem haben Hanf oder Klee bestimmt auch ihre Nachteile: Hanf ist verboten, und an wen soll ich den Klee verfüttern?

Es gibt nur einen Kohlweißling in kleiner oder großer Ausgabe, aber es gibt viele Sorten Kohl. Der Kohlweißling liebt sie alle: Weißkohl, Rotkohl, Wirsing, Blumenkohl, Chinakohl, Rosenkohl, Staudenkohl, Brokkoli. Allein vom Wirsing gibt es an die hundert Varianten. Jede Kohlart will zu einem bestimmten Monat gepflanzt werden. Es gibt durchs ganze Jahr welche.

Solch eine Vielfalt von Namen und Formen legt Zeugnis ab von der langen Existenz der Kohlköpfe. Von einer Region zur anderen, von einer Generation zur nächsten haben sie Zeit gehabt, sich zu entwickeln und verschiedene Formen anzunehmen. Der heilige Fiacrius, der Schutzpatron der französischen Gärtner, hat schon im 7. Jahrhundert Kohl angebaut. Vielleicht gab es damals noch keine Kohlweißlinge? Oder waren sie von Anfang an als treue Begleiter mit dabei? Niemand weiß, woher Kohlköpfe ursprünglich stammen oder wann sie zum ersten Mal aufgetaucht sind. Es würde mich nicht wundern, wenn sie schon vor den Menschen dagewesen wären.

Die Betrübnis darüber, daß meine Kohlköpfe zu Skeletten reduziert werden, wird im darauffolgenden Sommer durch eine wundervolle Invasion von Schmetterlingen getröstet. Als Raupe gleicht der Kohlweißling einer winzigen, grün-gelb gestreiften Schlange mit klitzekleinen schwarzen Punkten. Wenn man sie zerdrückt, kommt ein grüner Saft heraus, der sich wie ein Faden zieht.

Zerdrückt man sie nicht, kommt ein weißer Schmetterling heraus, der von der Raupe nur ein paar schwarze Tupfer behalten hat, schönes Wetter ankündigt, sehr verbreitet, also nichts Besonderes, aber sehr hübsch ist. Die Kohlweißlinge lassen sich zahlreich in meinem Garten nieder und fügen so überall Blüten hinzu, wo welche fehlen.

Aber warum legen all die weißen Schmetterlinge ihre Eier systematisch auf die Kohlköpfe? Entweder haben sie kein bißchen Phantasie, oder sie wollen mich entmutigen.

Karotten

Zwei Jahre hintereinander habe ich vergeblich Karotten ausgesät. Eines schönen Tages entdeckte ich ein bißchen krauses Grünzeug, und am nächsten Tag war nichts mehr zu sehen. Schon als Samen, sozusagen noch in der

Wiege aufgefressen, verfault oder von irgendeinem unterirdischen Ungeheuer verschlungen. Es gab jedenfalls keine einzige Karotte.

Vielleicht habe ich beim Aussäen irgend etwas falsch gemacht. Wahrscheinlicher ist allerdings, daß die Erdflöhe, die man nicht sieht und von denen ich nicht einmal weiß, wie sie ausschauen, meine ordentlichen Saatrillen in Brutstätten verwandeln und meine Saat als Einladung zum Plündern betrachten. Diese Vampire, die das kaum gekeimte Leben aussaugen, lassen sich angeblich durch reichliches Begießen vertreiben. Doch dann bleiben immer noch die Schnecken und Spinnen, die sich meine jungen Karotten schmecken lassen. Natürlich könnte ich die Spinnen mit einem Aufguß aus Ruß in die Flucht schlagen. Das ist eben der Teufelskreis: Jede Maßnahme löst eine Reaktion aus, die wiederum eine weitere Maßnahme erfordert, und Amateure wie ich begreifen irgendwann entmutigt, daß sie nicht zu dieser kleinen Welt gehören, daß sie hier nur stören, lästig sind und bloß einen Fehler nach dem anderen machen.

Sind die Bodenflöhe erst einmal überwältigt, wachsen die Karotten. Nun greifen Brigaden von Karottenfliegen an, und man muß sofort aufhören zu gießen. Sie, oder vielmehr ihre Larven, graben Furchen und komplexe Tunnelanlagen in die Karotten und machen sie ungenießbar. Für die Larven ist das Aufbauernährung für schnelles Wachstum.

Wer es mit der Karottenfliege aufnehmen will, muß über ein Arsenal von Tricks verfügen. Der erste ist ein guter Rat allgemeiner Natur: Fruchtwechsel. Oft genügt es schon, auf einem bestimmten Beet jedes Jahr abwechselnd Karotten oder Lauch oder Zwiebeln anzubauen. Oder zwischen den Karottenreihen Lauch oder Schnittlauch auszusäen. Ihr kräftiger Duft vertreibt Karottenfliegen und etliche andere Schädlinge, die offenbar eine empfindliche Nase haben. Sadistische Gärtner befeuchten ihre Karottensamen direkt mit einem Aufguß von Knoblauch oder Zwiebel.

Ein weniger einleuchtender Trick soll darin bestehen, die Karottenfliegen auf «mit gelber Farbe und Leim angestrichenen Schildern» zu fangen, ehe sie ihre Eier ablegen ... Ob die Karottenfliegen wirklich darauf hereinfallen? Irgendwann werde ich das einmal ausprobieren, nur um nachzuprüfen, ob es sich um einen Scherz handelt oder ob die Karottenfliegen tatsächlich kommen und ihr verzweifeltes Gekritzel auf diesen leuchtenden Plakaten hinterlassen.

Dank der Nachbarschaft des Lauchs, dank Wind oder Wetter oder aus purer Gefälligkeit sind meine Karotten dann doch einmal gewachsen. Sie bekamen endlich gekrauste Schweife, ihre Federbüsche wurden immer üppiger, verneigten sich vor dem Wind, breiteten sich in der Sonne aus. Unter dem grünen Strauß, schon im Boden, rundete sich allmählich ein kleiner, orangefarbener Ring. Sie wuchsen, sie wuchsen schnell, meine Karotten.

Die nächste Etappe brachte ein neues Problem. Die Karotten wuchsen zu Dutzenden so eng beisammen, in so kompakten und dichten Bündeln, daß sie unbedingt ausgedünnt werden mußten. Zuerst packte ich sie einfach bei den Haaren und zog. Sie widerstanden hartnäckig und brachen entweder dicht unter dem Grünzeug oder auf halber Höhe der Wurzel ab, anstatt sich herausreißen zu lassen.

Ich habe ein weiteres Jahr gebraucht, um auf die so banale wie naheliegende Methode zu kommen: Man muß das ganze Bündel Wurzeln mit der Grabegabel vorsichtig ein wenig anheben, die ausgewählte Wurzel sanft herausziehen und dann genauso sanft die Erde rund um die noch Verschonten wieder festdrücken. Und letztere sind für diese Gnadenfrist derartig dankbar, daß sie sehr bald eine erstaunliche Größe und einen beträchtlichen Taillenumfang zeigen.

Wunderschöne Lilienkäfer

Meine Lilien eröffnen ihre Saison in Schönheit, pflegen die jungen Blätter, bis sie glänzen und schimmern. Aber meine Naivität läßt nach, inzwischen kenne ich ihre Art und traue ihnen einfach nicht mehr.

Ich habe die Namen und Nebennamen meiner verschiedenen Liliensorten vergessen. Die Größe, die Farbe, die Blüten, die Silhouette der Stiele sind bei jeder anders. Und vor allem der Duft. Manche riechen praktisch überhaupt nicht. Sind neutral, beinahe tot, könnte man meinen. Andere bringen exotische, riesige gelbe Blüten hervor. Der Eindruck beinahe tropischer Vitalität entsteht nicht zuletzt durch ihr Parfum, das am Abend den ganzen Garten erfüllt. Ein schwerer, süßlicher und vulgärer Geruch, ein Parfum für Nutten, das sich schamlos aufdrängt und seine Röcke dicht vor Ihrer Nase auslüftet. Die Luft ist übersättigt mit pudrigem Geruch. Diese Lilien erschlagen ihre ganze Umgebung mit ihrem penetranten Duft und Flitter. Sie sollten Bescheidenheit lernen, sie sind nichts Besseres als die anderen. Nach ihrem fröhlichen Aufblühen werden auch diese Lilien runzelig, verkümmern, vertrocknen und beenden den Sommer elend und in Fetzen: keine Blüten, keine Blätter, manchmal nicht einmal mehr ein Stengel. Sie im Herbst mit Holzasche oder Kaffeesatz zu bedecken, um ihre Pracht im folgenden Jahr wiederzubeleben, nutzt gar nichts. Die Lilien fallen eine nach der anderen dem Lilienkäfer zum Opfer, diesem prächtigen Tier, das sich an ihnen vollfrißt.

Die Lilienkäfer ärgern mich allmählich, weil sie sich in ihrem beklagenswerten Verhalten ständig wiederholen und nicht auszurotten sind. Dabei empfand ich diesem Käfer gegenüber doch einige Nachsicht, weil er so schön ist. Er gedeiht ohne Komplexe, wird immer zahlreicher und schlagkräftiger und richtet niederschmetternden Schaden an. Er übt erst heimtückisch mit ein paar harmlosen kleinen Löchern in ein paar Blättern, und dann macht er weiter und zerfrißt wie Krebs die ganze Pflanze.

Zum Schluß sind alle Blätter total zernagt und nur noch traurige abgestorbene Fetzen davon übrig. Woher nimmt die Lilie bloß den Mut, jedes Jahr von neuem zu wachsen? Wird sie nicht eines Tages die Vergeblichkeit ihrer Mühe begreifen? Auch Pflanzen können Fatalisten werden, vor zuviel Widrigkeiten kapitulieren, wenn man ihnen keine Fürsorge angedeihen läßt, keine Gesten der Ermutigung. In diesem Fall fiel mir allerdings nichts mehr ein.

Es gibt keinen Hinweis auf die Abneigungen des Lilienkäfers, keine Spur führt zu irgendeinem Feind, zu irgendeiner vorbeugenden Maßnahme, zu einem Verbotsschild. Ich habe viel Zeit damit verbracht, meine Lilien Blatt um Blatt mit einem Wasserstrahl zu säubern. Am nächsten Tag grünten sie wieder, breiteten optimistisch ihre Blätter aus. Doch eine Woche später fielen sie erneut zusammen und ließen die Blätter hängen. Zurück zum Spielanfang.

Lilienkäfer haben ihre Ausgehstunden. Vorzugsweise bei Sonnenschein. Sicher fürchten sie, Tau oder gar Regen würde ihre schöne Livree ruinieren. Lange habe ich geglaubt, sie wären unsichtbar, abwesend und nur bei Nacht am Werk. Sie verharren tatsächlich in derartiger Unbeweglichkeit, daß man sie nur sieht, wenn man weiß, daß sie da sind. Lilienkäfer sind von Natur aus mißtrauisch; das liegt wohl an ihrer leuchtenden, festlichen Farbe, an diesem wie Lack oder Email glänzenden auffälligen Orangerot.

Der verführerische Lilienkäfer liegt wie ein Schmuckstück auf dem grünen Blatt. Er rührt sich nicht. Aber es genügt, plötzlich die Hand auszustrecken, und er verschwindet. Wohin? Man kann die Pflanze von oben bis unten absuchen, der Lilienkäfer hat sich in Luft aufgelöst. Dabei haben Lilien doch keine Schlupfwinkel. Der schlaue Lilienkäfer verfolgt eine ebenso simple wie wirksame Taktik: Beim geringsten Alarm läßt er sich einfach auf den Boden hinunterfallen und bleibt bewegungslos wie ein Steinchen liegen. Er rennt nicht davon, er versteckt sich nicht, er fällt nur hinunter, und das genügt, um ihn aus den Augen zu verlieren.

Am Morgen, zur Stunde der Lilienkäfer, inspiziere ich jetzt den Boden unter den Blumen und die Blätter, ohne sie anzufassen. Ich entdecke einen Käfer, noch einen und noch einen, manchmal zwei zusammen, die sich damit beschäftigen, für eine nächste Generation zu sorgen. Ich erschlage sie ohne Mitleid, trotz ihrer Schönheit, und ich habe das inzwischen recht gut heraus. Nur nutzt es nichts, die Misere mit meinen Lilien geht weiter. Ich verdächtige die Lilienkäfer, im Boden zu hausen, nachts Kriegsrat zu halten und nur ein paar abgezählte Kamikazekrabbler hinaufzuschicken.

Die Blätter, die dem Lilienkäfer zum Opfer fallen, sind mit Löchern und ekligen schwarzen Flecken übersät, die an kleine Kuhfladen erinnern. Wenn man sie entfernt, kommen sie wieder und werden größer. Die gallertartigen Mollusken scheinen sich aufzublähen wie Larven. Diese widerliche Tarnung verbirgt tatsächlich die Larven des Lilienkäfers, die sich nicht damit begnügen, sich an der lebendigen Substanz der Blätter zu mästen, sondern auch noch ihre Exkremente hier ablegen, sich darin wälzen und wie in einer Steppdecke einhüllen.

Einem schönen Insekt muß man immer mißtrauen: Je schöner es ist, desto degenerierter sind seine Sitten. Ich habe Lilienkäfer beobachtet, die zuerst eine Lilie liquidiert und sich dann auf eine benachbarte Dahlie gestürzt haben, und das scheint bei einem Schädling, der im Ruf exklusiver Lilientreue steht, doch ein widernatürliches Verhalten zu sein. Trotzdem: So pervers er auch sein mag, ich finde diesen schädlichen Lilienkäfer beinahe sympathisch. Er ist einfach zu hübsch.

Kreise im Gemüsegarten

Meine Kenntnisse von Mischkulturen sind noch ganz neu, und meine Begeisterung entspricht dem Ausmaß meiner vorausgegangenen Enttäuschung.

Die Theorie scheint einfach: Es geht darum, eine Pflanze durch eine andere zu schützen, welche die Schädlinge oder Pilze vertreibt, die auf die erste Pflanze scharf sind. All diese kleinen Tricks, diese Kunstgriffe der Profigärtner, geben einem die Illusion zu pflegen, ohne direkt einzugreifen. Sanfte Homöopathie, um scharfe Chirurgie zu vermeiden. Diese Methode beruhigt mich, denn sie bleibt ohne langfristige Folgen: Meine Fehler werden nur harmlos sein. Man kann von einem Jahr zum anderen alles umwerfen und ändern.

Leider geht es auch bei diesem System nicht ohne eine gewisse Erfahrung und eine lange Praxis. Denn die zufällig aufgelesenen, verwirrenden und sofort wieder vergessenen Informationen dienen manchmal nur dazu, meine Ahnungslosigkeit noch zu vertiefen. Die Verbindung von zwei oder drei verschiedenen Gemüsen begeistert mich, ab vier oder fünf weiß ich nicht mehr ein noch aus. Ich stelle mir meinen Gemüsegarten in konzentrischen Kreisen vor, bei denen man ständig einen Ring hinzufügen muß, den einen austauschen, den anderen erweitern, um neues Gemüse hinzuzufügen. Kurz, je weiter ich gehe, desto mehr verlaufe ich mich.

Man muß vorausschauen und in Zeit und Raum planen. Manche Kulturen wachsen zur selben Zeit, werden aber nicht gleichzeitig ausgesät und vor allem nicht gleichzeitig geerntet. Meine Gemüsebeete sind nur klein, deshalb werden die Reihen Erbsen, Karotten, Bohnen, Gurken oder Kartoffeln genau eingeteilt, und ich verlasse mich oft auf die frühe Ernte des einen Gemüses, um ein anderes an der gleichen Stelle umzusetzen. Die Beetbewohner folgen einander abwechselnd.

Von einem Jahr zum nächsten vergesse ich die richtigen Monate zum Aussäen, die Eigenheiten der einen und der anderen Pflanzen, ich pflanze einfach so drauflos, ich versäume es auch, diesem oder jenem zukünftigen Bewohner Platz zu reservieren. Ein sehr schlecht geführtes Hotel. Wenn die Erfahrung nicht auf Jahrzehnte zurückgreifen kann, häufen sich die Unachtsamkeiten. Erst wenn ich meine Dahlienzwiebeln wieder eingrabe, merke ich, daß ich hier im vergangenen Herbst schon Lilien und Tulpenzwiebeln versteckt habe.

Mit dieser faulen Manier, den Garten beetweise zu planen, geht man der Natur gegen den Strich. Wenn ich nur an den schönen Anblick eines Büschels Margeriten unter dem Kirschbaum denke, vergesse ich, daß ich beim Einpflanzen die Wurzeln des Baumes stören, vielleicht sogar verletzen werde. Ich denke mir meinen Garten aus lauter aneinandergereihten Einzelheiten zusammen, anstatt eine Vorstellung vom Ganzen zu entwickeln. Die Mischkulturen werden zur Denksportaufgabe, bei der ich ständig irgend etwas vergesse. Man müßte einen Plan aufzeichnen, einen präzisen Pflanzplan, wann was wo getan werden muß. Bei der Arbeit im Garten an einer einzelnen Sorte nach der anderen, oder an allen zusammen in der Phantasie, finde ich Mischkulturen wunderbar. In der Praxis komme ich nicht damit zurecht.

Knoblauch spielt eine wichtige Rolle. Empfohlen gegen den Mehltau der Erdbeeren: eine Reihe Knoblauch, eine Reihe Erdbeeren und so weiter. Letztes Jahr, gegen Ende der Saison, neigten meine Erdbeeren dazu, noch vor dem Reifen zu verfaulen, soweit die Kröte und die Schnecken noch etwas von ihnen übriggelassen hatten. Ein Umstand, den ich wie alle Rätsel des Gartens dem zu trockenen oder zu nassen Wetter zuschrieb. Es war wohl einfach nicht mehr die Saison für Erdbeeren, das ist alles. Tatsache war, die armen Dinger fielen dem schrecklichen Laubschimmel zum Opfer, der sie vor der Reife verfaulen läßt und der, als würdiger Urgroßneffe Draculas, vor simplem Knoblauch flieht.

Ich habe einen ganzen Sack Knoblauch als Saatgut gekauft. So viel haben meine bescheidenen drei Erdbeerbeete gar nicht verlangt. Knoblauch ist eine Himmelsgabe für den Sonntagsgärtner, denn er bekämpft auch den Faulschimmel der Rosen, und obendrein soll sein Geruch die Wühl- und Spitzmaus vertreiben. Für die Jagd auf diese Nager scheint mir die Verwendung von Knoblauch viel bequemer, als sich auf Raubvögel oder Wiesel zu verlassen.

Ich habe also gewissenhaft überall im ganzen Garten Knoblauch angepflanzt und dafür nur die schönsten äußeren Zehen aussortiert und die inneren verschmäht. Sie ist hübsch, so eine Knoblauchknolle, mit ihren hauchdünnen Schalen, durchsichtig wie Pauspapier, mit den weißen, von rosigen Adern durchzogenen Zehen, die sich im Kreis dicht aneinanderdrängen wie um ein Geheimnis.

Zwischen den Erdbeerstauden, den Heidelbeeren und den Gurken, unter jedem Rosenstock, den Rhododendren, dem Buchsbaum, dem Pfeifenstrauch, den Fuchsien, einfach überall habe ich als Obolus für die von Mäusen, Schimmel oder Fäulnis bedrohten Pflanzen Knoblauch gepflanzt.

Die Spitzmäuse haben sich darüber bloß lustig gemacht; sie sind sogar so weit gegangen, manche Stiele an der Basis abzunagen. Manchmal habe ich im Rand von frischen Mäuselöchern ausgesäte Knoblauchzehen wiedergefunden, die da jämmerlich lagen, wie von einem bösen Windstoß hinausgeblasen oder zornig ausgespuckt; vielleicht sollte es ja auch nur ein Streich sein, oder die Bewohner des Untergeschosses hat plötzlich die Putzwut gepackt …

Auch Verteidiger haben ihre Schwächen. Ich hatte nicht gewußt, daß Knoblauch nicht in frisch mit Mist gedüngten Boden darf, weil er dann selbst eine ganz auf ihn persönlich abgestimmte Krankheit erwischt: die Knoblauchfäule. Aber wie soll man auf dem gleichen Beet die einen düngen und die anderen nicht? Wie soll man den Boden unter den Rosen mit Kompost anreichern, unter denselben Rosen Knoblauch anpflanzen, aber nicht in derselben Sorte Boden? Mischkulturen haben ihre komplizierte Seite.

Vielleicht bekomme ich dieses Jahr eine phänomenale Knoblauchernte. Falls nicht, falls der Knoblauch selbst zum Opfer wird, so hoffe ich, daß er seinen letzten Schnaufer erst dann tut, wenn er seine Mission erfüllt und alle Schädlinge von meinen Schützlingen verjagt hat. Im übrigen schmückt Knoblauch mit seinen stolzen Stengeln, seinen wie zu einer rächenden Faust zusammengeballten dichten Blüten meinen Garten genau so würdig wie jede andere Pflanze.

Düfte am Wege

Als Kontrapunkt zu der Zurschaustellung, die Blumen und Gemüse eigen ist, spinnt mein versteckter Garten, mein diskreter Garten nach und nach einen Faden aus Düften, Wegweiser für meine morgendliche Runde. Ich fange vorsichtig an, mich mit aromatischen Kräutern zu beschäftigen, mit Heilkräutern, Teekräutern, Würzkräutern. Ich verstehe mich nicht darauf, sie richtig zu ziehen, zu trocknen oder gar anzuwenden, ich vergesse ihre Eigenschaften, ihre gewöhnlichen oder wissenschaftlichen Namen, den Zeitpunkt, zu dem man sie pflücken muß, aber ich liebe ihre Anwesenheit in meinem Garten. Einfach nur so oder zum Lernen, aus allen möglichen Gründen. Meine Hexenseite. Die Kräuter erzählen mir, daß die Geheimnisse der Natur größer sind als meine.

Kräuter verbergen unter ihrem manchmal unscheinbaren Äußeren ein geselliges Wesen. Sie teilen ein Territorium miteinander, ein kompliziertes Spiel, dessen Regeln sich je nach den Stunden und Jahreszeiten ändern, in der Luft unsichtbare Verästelungen weben und eine andere Harmonie schaffen. Zuerst habe ich die Kräuter einfach irgendwo angepflanzt, wo eben gerade Platz frei war für Samen, die ich einer plötzlichen Anwandlung folgend gekauft hatte. Doch nach und nach, aus so manchem Schweigen, manchem Schmollen in der doch so heiteren Morgenstimmung, die Alpträume verjagt und den hinfälligsten Pflanzen neue Jugendfrische verleiht, habe ich begriffen, daß die Kräuter sich in der Nachbarschaft dummer Schönheiten, die nur ans Tanzen dachten, langweilten.

Ganz allein in seinem Winkel, weit weg von Salbei und Estragon, versinkt das Bohnenkraut in Grämlichkeit. Der Minze an der Mauer gefällt die Gesellschaft der Brennesseln nicht. In der Melisse würde sie Gesprächspartner ihres Vertrauens finden. Der zarte Koriander würde sich wohler und hübscher fühlen, wenn er die Petersilie einrahmen dürfte, anstatt so dumm um das Erdbeerbeet herumzustehen. Düfte bringen sich gegenseitig zur Geltung, sie erweisen sich tausend Freundlichkeiten und Höflichkeiten und gedeihen als Nachbarn, die miteinander schwatzen können, am allerbesten. Lavendelbüsche, neben üppigem Rosmarin gepflanzt, bekommen einen Duft von einer Milde und Leichtigkeit, wie ihn die Exilanten am Rande des Gemüsegartens nicht haben.

Auch Düfte beanspruchen ein Territorium für sich, verteidigen ihren Platz in der Luft und werden energischer, wenn es Konkurrenz gibt. Dann übertreffen sie sich gegenseitig, jeder versucht, noch lauter als der Nachbar zu sein. Düfte sind nicht, wie ich geglaubt hatte, angenehme Ausdünstungen, die man aufs Geratewohl erwischt. Sie gleichen nicht den Farben, die das Auge im Herumschweifen aufnimmt, Pfingstrosen mitten im Grün der Stauden. Sie tun sich nur unter ihresgleichen wirklich hervor.

Düfte sind nur im Flug zu erhaschen, sind vagabundierende Pfade, schwebende Bewegungen. Sie unterteilen den Garten in Spaziergänge, in einfache, subtilere Spuren als die Gartenwege. Sie sind nicht zu greifen, sie gleiten dahin und bringen eine dritte Dimension. Manchmal breiten sie sich hemmungslos aus, dominieren alles, erfüllen die Luft und stammen trotzdem nur von kleinen Pflanzen, die wie Unkraut aussehen und bescheiden am Boden kauern.

Die Duftpflanzen machen sich flach wie ein Teppich, damit man sie vergißt, sind aus List unscheinbar. Um sie zu riechen, muß man sie wirklich streifen, sie stören, beinahe auf sie treten. Man glaubt, die Armen duften so, wie sie auch singen würden, nämlich aus purem Vergnügen. Weit gefehlt: Das Parfum ist die Reaktion, die Klage einer verletzten Pflanze. In Zeiten der Ruhe, wenn sich kein Windhauch rührt, wenn alle Insekten- und Samenfresser die Siesta respektieren, schlafen auch die Düfte. Um den eingeschlafenen Zitronenstrauch zu wecken, muß man ein Blatt zerdrücken, es zerreißen, ihm eine kleine Quälerei zufügen. Eine Pflanze gibt ihr Parfum nur unter Peinigung her.

Also schneidet man sie ab, zerschnipselt sie, traktiert sie - sie sollen endlich duften! Ihre Widerstandskraft ist sehr unterschiedlich. Schwächlinge wie Basilikum, Rosmarin und Koriander duften sofort; Salbei, Majoran und Bohnenkraut muß man erst kleinschneiden. Lorbeerblätter oder Selleriestengel geben ihren Duft unzerschnitten ab. Den Geranien, dem Phlox, den Hortensien, dem Aronstab und der Kamille fehlt das Schmiegsame, ihr Duft ist eher unangenehm, mineralisch und eisenhaltig, und die Blumen legen alle ihre Künste in die Eleganz ihres Aussehens. Pfeifenstrauch, Lavendel, Pfingstrosen, Flieder, Geißblatt und Rosen übertrumpfen mit ihren starken, selbstsicheren Düften alle anderen, erzählen manchmal ohne Raffinesse, aber immer begabt und verführerisch, wundersame Geschichten aus tausendundeiner Nacht. Früchte duften erst in der Agonie, wenn Äpfel, Pflaumen oder Birnen heruntergefallen sind und zu faulen beginnen.

Wenn sie Samen bekommen, ziehen die aromatischen Kräuter ihre Blätter zusammen und verringern ihre duftende Oberfläche, als wollten sie sich aus der Welt zurückziehen. Sie konzentrieren sich auf ein kontemplatives Innenleben und haben nichts mehr mitzuteilen. Von nun an zeigen sie sich gleichgültig, werben nicht mehr, reagieren nicht auf Angriffe, sind nur noch mit ihrer Fruchtbarkeit beschäftigt. Sie wirken wie bekehrte alte Sünderinnen, grau und griesgrämig.

Koriander

Koriander verwandelt sich buchstäblich so, daß er nur noch schwer wiederzuerkennen ist. Er wächst auf einmal sehr hoch, obwohl er bislang doch nur bescheidene Ritornellen gesungen hatte, er verliert seine Blätter und breitet selbstsicher ebenso anmutige wie zarte und zerbrechliche Samendolden aus. Sträuße, die gepflückt werden wollen.

Ich gestehe, ich habe eine Schwäche für Koriander, für seinen Namen, so wohlklingend und bunt wie ein exotisches Gedicht, für seine geheimnisvolle Persönlichkeit. Er soll aus dem Nahen Osten stammen; andere versichern, er sei schon im Küchengarten von Karl dem Großen gewachsen. Ich stelle mir vor, daß der Koriander bei allen Abenteuern mit dabei war, daß er auf dem Weg vom Nahen Osten nach Europa Gebirge voller Schnee, Schluchten mit räuberischem Gesindel überquert und in seiner Jugend ganz bestimmt schon den Helden Roland und die letzten Getreuen von Roncevaux gestärkt hat. Es gefällt mir, daß auch sein Duft mild und exotisch ist und an die alte Gewürzstraße erinnert.

Am Koriander vorbeizugehen bringt mich immer ins Träumen, er öffnet mir einen schönen Sonnenweg nach Osten oder Westen. Ich schlendere mit ihm durch levantinische Gassen, er erzählt mir von anderen Düften, vom Lotos und Jasmin, von Kupferfarben.

Koriander gibt einen würzigen und zugleich zarten Duft ab. Die Pflanze selbst ist von großer Empfindlichkeit. Sie verströmt Wolken von Parfum um sich herum, selbst wenn die Natur ganz still ist und sich kein Windhauch rührt. Ihre glatten, klebrigen Blätter halten sich aneinander fest, wenn man versucht, sie zu pflücken. Dann wird es sehr schwierig, sie zu trennen und auseinanderzusortieren. Jede Anwendung von Gewalt bringt den Koriander unverzüglich um. Korianderblätter welken sehr schnell und trocknen innerhalb weniger Stunden.

Man muß verhandeln, abwarten und den Koriander dann ernten, wenn er damit einverstanden ist: wenn er seine Samen bekommen hat. Diplomatische Klugheit rät also, Koriander vor allem wegen seines Samens zu kultivieren, dem man um so mehr Tugenden zuschreibt, als man Geduld für seinen Anbau gebraucht hat: Er hilft gegen Blähungen und Krämpfe, hellt das Gemüt auf, und man kann auch noch einen Tee gegen Grippe und Müdigkeit damit aufgießen.

Ein Geheimnis des Korianders beschäftigt mich. Manche Heilkräuter-Handbücher behaupten, sein Duft sei «unangenehm». Verleumdet man ihn da absichtlich? Habe ich die Pflanze verwechselt, gibt es Koriander in verschiedenen Arten? Oder ist mein Geruchssinn, verführt von all den Geschichten, die der Koriander mir erzählt, ein bißchen schrullig geworden?

Bohnenkraut

Um meine Bohnen vor ihren Feinden, den Bohnenfliegen zu schützen, habe ich ein kleines Büschel Bergbohnenkraut an den Rand des Beetes gepflanzt. Lange Zeit hat das Pflänzchen weder ja noch nein gesagt, hat sich damit begnügt, alles zu beobachten und rundlich zu werden. Ich habe ebenfalls mißtrauisch abgewartet. Von weitem gleicht Bohnenkraut dem Thymian, und ich fürchtete, es würde sich auf die gleiche Weise ausbreiten.

Bohnenkraut, Pfefferkraut, mir gefallen diese schlichten Namen, die genausowenig Ansprüche stellen wie die Leute, die Bohnenkraut mit dem Messer geschnitten haben, als es Scheren noch nicht gab. Ein provenzalischer Name für eine Pflanze, die Sonne und Freiheit liebt und im Süden als

Wildpflanze gedeiht. Sie hatte schon immer ihren Platz unter den Heilkräutern: entzündungshemmend, krampflösend und als Tee gegen Blähungen, Durchfall, Magenschmerzen, Schwindelgefühle.

Ich zähle gerne alle seine heilenden Eigenschaften auf, aber ich verwende Bohnenkraut doch nur zum Würzen, weil es an Pfeffer erinnert. Grüner als Thymian, die Stengel mit winzigen glatten Blättchen bedeckt, ist Bohnenkraut eine Pflanze von trockenem Aussehen, die nach Erde duftet, nach den Steinen der Provence. Viele Würzkräuter scheinen aus sonnigen Ländern zu stammen, in denen das Wasser sich rar macht. Und duften Blumen gen Norden zu, wo es feucht ist, stärker? Die Pflanzen reisen so viel und schon seit so langer Zeit, lassen sich hier und dort nieder, tauchen anderswo wieder auf, daß es schwierig wird, die Spur der Wanderungen bis zu ihrem Ursprungsort zurückzuverfolgen. Manchmal stößt man auf erstaunliche Reiserouten: Estragon soll aus Sibirien stammen, Schalotten aus Palästina, Petersilie aus Sizilien, Majoran, Baldrian und Winterzwiebel aus dem Nahen Osten, die Zwiebel auch aus Sibirien.

Für mich bleibt das kleine Bergbohnenkraut ein Kind des Mittelmeeres. Es wächst nicht hoch, sondern breitet sich dicht über dem Boden in Büschchen aus, wie um die Erde vor der Bullenhitze zu schützen. Bald wird es wieder blühen, rosa Blüten öffnen, die so winzig sind, daß man glaubt, sie müßten beim geringsten Gewitter abfallen.

Lavendel

Lavendel duftet genau so angenehm wie Bohnenkraut, wie eine Brise aus der Provence, nach Sonne und Gestein. Ich habe gezögert, in meinem Garten im Nordosten Frankreichs, wo das Wetter auf dem Weg von Paris

bis hierher ein paar Grad verliert, diesen Duft aus dem Süden anzupflanzen, wo die Winter milde sind. Ich fürchtete, die Kälte würde den Lavendel krank machen, er würde sich überhaupt schlecht akklimatisieren und sich hier immer als Fremder fühlen. Trotzdem hoffte ich insgeheim, er möge bleiben und mir eine Reise schenken.

Zögernd habe ich meine erste Lavendelstaude gepflanzt, habe zugeschaut, wie sie sich entwickelte, und dabei beinahe mißtrauisch Distanz gewahrt, wie man das bei neuen Bekanntschaften macht, von denen man annimmt, daß sie ohnehin nur flüchtig sind. Mein Lavendel wächst großartig, läßt sich weder von Regen noch Frost beeinträchtigen. Es ist füllig, er ist mit den Jahren ein richtig schöner, kugelrunder Busch geworden. Im Sommer streckt er seine Unmengen blaßblauer Ähren wie feine Lanzen schützend rundum aus, Wespen lassen sich auf ihm nieder, und kleine weiße Schmetterlinge liegen zwischen den Stengeln wie hübsche Schleifen auf einem Geschenkpäckchen. Diese weißen Schmetterlinge sind der Schlußpunkt auf den schon trockenen Stauden, die bereit sind, ihren Samen herzugeben.

Meinem Lavendel scheint es hier zu gefallen. Er gewöhnt sich überall ein, aber ich möchte gern glauben, daß er selbst entschieden hat, sein leichtes Gepäck hier abzustellen, zufrieden mit dem Empfang und mit der Nachbarschaft der Zaunrebe. Stolz auf diesen Erfolg, habe ich noch eine

Lavendelstaude gepflanzt, die ebenfalls groß und rund geworden ist und ihre Lanzen in den Sommerhimmel gereckt hat. Dann kam die Überraschung: Ihre Blüten glichen den anderen überhaupt nicht. Anstatt die Blüten auf leichten, sehr feinen Ähren aufzureihen, die zur Spitze hin immer dünner werden, als wollten sie die Kühle der Luft durchbohren, ließ meine zweite Lavendelstaude ihre Blüten in ungleichmäßigen, dichten zylindrischen Wedeln hängen. Die Blüten drängten sich viel zahlreicher zusammen und hatten einen viel durchdringenderen Duft. Das Ganze machte einen kräftigen, stämmigen Eindruck.

Meine erste Staude ist ein echter Gartenlavendel, ganz Feinheit und Luftigkeit. Er zeichnet nur einen blauen Hauch hin, ein Blau, das beinahe durchsichtig erscheint, wenn die Sonne im Gegenlicht darauf fällt. Kleine blausilbrige Blitze, die wie Federn im stillen Nachmittag schweben.

Die zweite Staude war nur ein Lavendin, eine Kreuzung zwischen echtem und schmalblättrigem Lavendel und von robuster Konstitution. Seltsamerweise ist diese Staude trotzdem eingegangen, vielleicht hat sie sich zurückgesetzt gefühlt neben der schönen *Augustifolia.* Dazu hatte sie allerdings keinen Anlaß. In der Parfümerie wird Lavendin zwar weniger geschätzt, aber er hat auch seine Qualitäten, und in der Pharmakologie wird er genauso häufig verwendet wie sein schöner Rivale.

Als altes Hausmittel soll Lavendeltee Migräne und Verdauungsstörungen lindern. Ich werde das nicht ausprobieren. Die besten Parfums verlocken keineswegs dazu, sie auch noch zu trinken. Lavendel wird auch wegen seiner beruhigenden Wirkung empfohlen, zum Beispiel als abendliches Bad. Ganz früher hat man Wärmepfannen mit Lavendel und Rosmarin gefüllt und damit ein Krankenbett mitsamt dem Krankem, der an Geschwüren litt, ausgeräuchert. Zu konzentriertem Öl destilliert, ersetzte Lavendel damals die Hygiene: Um alles Ungeziefer auszumerzen, genügte es, sich mit Lavendelöl abzureiben. Man könnte meinen, manche Pflanzen hätten nur deshalb kräftige Düfte, um unsere Parasiten zu verjagen. Aber vielleicht ging es ursprünglich einmal darum, ihre eigenen zu vertreiben. Ob Parasiten einen Geruchssinn haben?

Ich habe meinen Lavendel wie eine zerzauste Wildpflanze wachsen lassen, nur selten gejätet, noch seltener gehackt, die Ähren vorzugsweise erst dann eingesammelt, wenn die Blüten ihrer blauen Farbe überdrüssig wurden, und sie dann irgendwie getrocknet. Ich habe sie zu Sträußen und Garben zusammengebunden und sie, mangels Speicher, mit dem Kopf nach unten im trockensten und luftigsten Raum aufgehängt. Manchmal habe ich damit zu lange gewartet, und die Blumen, die mit der Farbe auch den Lebenswillen verloren, sind fast zu Staub zerfallen. Abends nähte ich niedliche kleine Beutelchen, eine Parodie der langen Winterabende, die Frauen früher zwangsweise mit Handarbeiten verbringen mußten. Lavendel muß jedoch ganz zu Anfang seiner Blüte gepflückt werden, wenn die Blüten gerade erst ihre blaue Farbe annehmen. Dann läßt sich das Parfum am besten in Duftbeuteln für die Schränke einsperren.

Nächstes Jahr werde ich anders vorgehen. Wenn ich erst einmal begriffen habe, nach welcher Methode eine bestimmte Pflanze behandelt werden muß, wenn alle Fehler korrigiert sind und die Erfahrung vorhanden ist, dann interessiert mich das alles nicht mehr, und ich versuche mich an etwas anderem. Ich muß eine Lehrzeit wie einen langen Weg hinter mich bringen, Unwissenheit und Hindernisse nach und nach überwinden. Aber worin liegt das Ziel dieses beschwerlichen Weges?

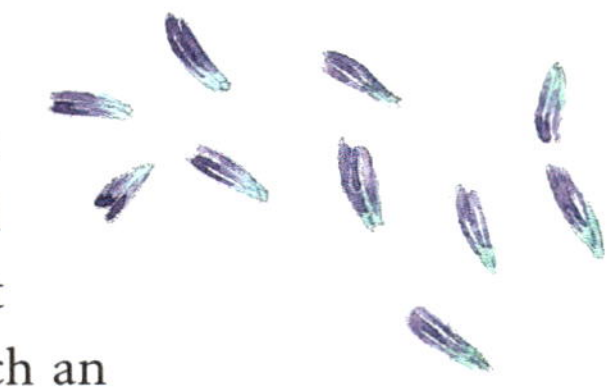

Anstatt mühsam meine Säckchen zu nähen und Sträuße zu trocknen, werde ich den Lavendel zu Dolden binden. Bei einem frisch geschnittenen Strauch bindet man die Stiele dicht unter den Blüten fest zusammen. Dann biegt man den langen Rest der Stiele über den Blüten nach oben und bindet auch die Enden zusammen. Das Ganze gleicht einem Lampion, in dem die Blüten die Kerzen sind. Ein Käfig aus getrockneten Stielen, um den Duft festzuhalten. Man hängt ihn dann in die Schränke und komplimentiert so die Motten hinaus.

Lavendelstauden müssen geschnitten werden. Das zerzauste Aussehen steht ihm zwar so gut, daß es mir leid tut, da hineinzuschneiden; ein Sakrileg angesichts solcher Unbekümmertheit. Aber wenn die Staude verholzt, wird sie kahl, läßt das trockene, knotige Skelett sehen, die Äste werden zu lang, bleiben nackt und brechen ab. Lavendel muß nach der Blüte ein wenig und dann im Herbst sehr viel geschnitten werden, beinahe bis zum Boden.

Lavendel hat etwas von einem alten Herrn an sich, aber ich bewundere auch seine Widerstandskraft, die Hartnäckigkeit, mit der er gegen alle Winde fest auf seinen Wurzeln stehenbleibt. Weder Frost noch Trockenheit sind mit meinem Lavendel fertig geworden. Er fordert nichts, breitet sich aus wie ein Schwarm blauer Mücken, gedeiht in seinem Winkel und spielt mit dem Wind sein Lied für die Bienen. Ich habe weder Schädlinge noch Krankheit an ihm erlebt, nicht einmal ein paar Läuse oder rote Spinnen. Lavendel muß diesen Duft vor langer Zeit in seinem geheimen Labor zusammengebraut haben, um sich vor seinen natürlichen Feinden zu schützen. Und wir, unfähig zu solch einer Leistung, wir tun nichts anderes, als ihm seine Waffen zu stehlen. Lassen wir ihm die Flötenmelodien, mit denen er seine winzigen Gegner ablenkt.

Basilikum

«Basilikum» erinnert an das Wort «Basilisk», es ist ein Name voll verborgener Andeutungen, ein Name zum Träumen. Ich pflanze, pflege und verwöhne es jedes Jahr gewissenhaft, schon wegen dieses verführerischen Namens. Gewiß, meine Pflanze hat nichts zu tun mit der Eidechse mit dem gezackten Rücken, einem Vetter des Leguan, auch nicht mit dem phantastischen Ungeheuer aus den griechischen Sagen. Trotzdem umgibt diese nebulöse Mythologie meine Pflanze wie mit einer Aura.

Das Basilikum ist ein recht anspruchsvoller kleiner König, ein Monarch, unfähig, ohne Diener auszukommen oder im Freiland in der Menge zu leben, und manchmal ärgere ich mich über ihn. Es ist manisch, es ist wehleidig und affektiert. Pflanzen, die im Winter sterben, wenn man sie nicht in Töpfen zieht, sie bei der ersten Kälte ins Haus holt und wie chronisch Kranke im Zimmer einsperrt, solche Pflanzen wirken irgendwie unangenehm künstlich, sozusagen verzärtelt. Man zwingt die Natur, und die Natur gewöhnt sich nicht daran. Dabei fehlt die Rücksicht. Einmal im Topf großgezogen, wird das Basilikum immer im Topf bleiben, auch wenn Basillia «die Königin» bedeutet. Zum Glück verschafft ihm sein Duft die Absolution für alle Launen. Ein ganz besonderer, sehr starker Duft, beinahe ein bißchen wie Moschus. Wo nimmt die Natur nur solche Aromen her? Ich lasse mich immer verführen von diesem exotischen Parfum, aber ich finde es doch zu königlich, zu üppig und prächtig für meinen gewöhnlichen und einigermaßen dezenten Garten. Die Wünsche des Basilikums sind Befehle, es muß den besten Platz haben, die wärmste Sonne, die aufmerksamste Pflege. Es duldet nicht, daß man es vergißt, verfolgt die geringste Nachlässigkeit, lauert auf Versäumnisse. Man muß es beinahe Tag und Nacht gießen, sehr viel gießen, aber bitte mit Vorsicht und Respekt, bloß von unten, nicht auf die Blätter, sie sind viel zu empfindlich, um die Brutalität von Wassertropfen zu ertragen.

Mein Basilikum schaut prächtig aus. Oder vielmehr, dieses Basilikum da, denn jedes Jahr steigt ein neues auf den Thron. Diesmal ist es ein Zwerg- oder Buschbasilikum, ein kleiner Strauch von vollkommener Form, beinahe wie ein Bonsai: ein winziger Stamm, langstielige breite oder kleine Blätter und zur Blütezeit genauso kleine weiße Blüten. Bis zum Ende des Sommers ist es überhaupt nicht gewachsen.

Basilikum stammt aus Indien, und es verleugnet seine Herkunft nicht. Es hat davon eine Zartheit, eine gewisse Weiblichkeit in seinen Manieren, glaubt zu sterben, wenn man es mit kaltem Wasser gießt, verlangt gemäßigte laue Temperaturen. Wer immer für den Komfort des Basilikums verantwortlich ist, hält also stets eine Reserve von sonnengewärmtem Wasser bereit.

Man nennt Basilikum auch Königskraut oder Küchenbasilikum. Es eignet sich für ungezählte Rezepte und rettet noch das fadeste Gericht. Es macht den provenzalischen *Pistou* einfach himmlisch, und natürlich schreibt man ihm auch alle möglichen heilenden Kräfte zu. Wie fast alle

Kräuter ist es verdauungsfördernd und krampflösend. Als Tee soll Basilikum Magenkrämpfe und Übelkeit mildern, seine frischen Blätter kühlen Wespenstiche. Es soll tonisch sein und wird gleichzeitig gegen Nervosität und Schlaflosigkeit empfohlen, was ich nicht ganz begreife. Allerdings hat sich schon manchmal nach Jahrhunderten der Tees und Umschläge der gute therapeutische Ruf von Kräutern als trügerisch erwiesen. Dahinter steckt womöglich eine Sinnestäuschung, doch vielleicht ist das alles auch nur eine Frage der Dosierung und Anwendung. Jedenfalls behält das Basilikum seine Geheimnisse gern für sich.

Ich verwende Basilikum zum Kochen, um mit Phantasie das eine oder andere Gericht zu veredeln. Doch am Morgen, wenn ich nachschaue, ob es genügend Wärme bekommt, genug getrunken und eine gute Nacht gehabt hat, freue ich mich wieder einmal an seinem Namen. Vom Basilisk heißt es, er sei aus einem Hühnerei geschlüpft, das eine Kröte oder eine Schlange ausgebrütet habe, und auf Wappen ist er manchmal als Drache mit einen Hahnenkopf abgebildet. Wahrscheinlich eine rein zufällige Ähnlichkeit der Namen ...

Salbei

Aus meinem Salbei ist inzwischen schon ein dicker Halbstrauch geworden, eine robuste, gutgebaute, schöne Pflanze, die sich ohne Probleme ausbreitet. Wenn ich sie ließe, hätte sie schon den Kirschbaum erreicht und würde mir den Weg zu den Himbeeren versperren. Dem Salbei fehlt es ein bißchen an Feinheit. Seine langen, beinahe plüschigen und dem Auge schmeichelnden Blätter wachsen so dicht, daß man den Boden nicht mehr sieht. Blaugrün, graugrün, wirken sie manchmal wie mit Staub bedeckt und so dickhäutig, als wollten sie sich zu winzigen Elefanten der Pflanzenwelt aufwerten.

Ich erinnere mich nicht daran, den Salbei jemals blühen gesehen zu haben. Aber irgendwie muß er doch auch Blüten und Samen bekommen, sich um seine Fortpflanzung kümmern. Vielleicht habe ich seine Blüte einfach immer versäumt. Vielleicht blüht er nur im hohen Alter. Vielleicht habe ich mich auch im Namen geirrt, als ich ihn gepflanzt habe, und es ist eine andere Pflanze mit einem ähnlichen Namen. Es gibt anfängliche Irrtümer, die man später durch Zufall entdeckt. Je schwerwiegender sie sind, desto mehr Zeit brauchen sie, um sich aufzuklären.

Aber nach den Fotos und Beschreibungen handelt es sich doch um eine *Salvia.* Ich verwende die Blättchen jedenfalls als Salbei beim Kochen, und es hat noch niemandem geschadet. Salbei hat allerdings kein besonderes Aroma. Vielleicht weben die Blätter sich deshalb so dicht, um einen zu großen Verlust an Duft zu vermeiden. Man nennt ihn auch «heiliger Tee», «griechischer Tee» oder «Tee aus Frankreich», und die Chinesen sollen ihn ihrem eigenen echten Tee vorziehen. Ich habe keine Lust, das einmal auszuprobieren; ich habe mich schon so oft als Versuchskaninchen in eigener Sache hergegeben, daß ich jetzt manchmal davor zurückschrecke, wie vor einem Gericht aus unbekannten Pilzen.

Salbei ist das heilige Kraut, das den Ruf hat, Verdauung und Kreislauf zu fördern und, wie so viele andere Pflanzen, als Absud Hautkrankheiten zu heilen. Übrigens war mein Salbei auch niemals Opfer irgendeiner Krankheit. Feinschmecker pflegen ein wenig zerdrückten Salbei in den Weißwein zu geben, damit er einen leichten Geschmack von Muskat bekommt.

In Rotwein zerdrückt soll Salbei Rekonvaleszenten und Erschöpften guttun, und ein Tee aus den Blättern soll bei Depressionen, Nervosität und

Streß wieder munter machen. Eine Pflanze, die ganz in unsere Zeit paßt. Als stärker dosierter Tee und zur Mundspülung verwendet, heilt Salbei Zahnfleischentzündungen. Salbeitee wird auch bei Regelbeschwerden und in den Wechseljahren empfohlen. Laut Lexikon ist Salbei reich an Gerbstoffen; daher wohl seine Vetternschaft mit echtem Tee.

Ich nehme alle diese Tugenden und das Lob, das dem Salbei dafür zuteil wird, nur am Rande zur Kenntnis. Ich schätze meinen Salbei einfach deshalb, weil er da ist, weil er von allein wächst, robust und dickköpfig, ohne Flitterkram und affektierte Aufmachung. Bescheiden verlangt er nicht mehr, als hin und wieder einmal ordentlich geschnitten zu werden. Trotzdem: Irgendwann muß er doch blühen. In den Gartenbüchern ist er immer mit vielen lila Blüten abgebildet. Ich vermute, daß er, müde von all den Tees und Absuden, einfach hier in meinem Garten in Pension gegangen ist und mittlerweile die Lust verloren hat, sich herauszuputzen, wie man den Sinn für Eleganz verliert, wenn man nicht mehr groß ausgeht.

Estragon

Estragon duftet nach Sommer, Sonne und Salaten. Ich mag Estragon im Tomatensalat, zu Huhn, in sommerlichen Mahlzeiten, als Tüpfelchen auf dem i im letzten Augenblick vor dem Anrichten. Er verschwindet im Winter, wächst im Frühling wieder nach, und seine Blätter sind so zart, daß man sie feingeschnitten essen kann, im Gegensatz zu Thymian und Rosmarin, die sich im Lauf der Jahreszeiten nicht verändern und würzen, während sie mitgedünstet werden, aber zu grob bleiben, um sie zu kauen.

Seit langem beschäftigt mich sein hübscher Name. Estragon, «Dragon», Drache? Dabei spuckt er doch weder Feuer noch Flammen. Anderswo

nennt man ihn auch Schlangenkraut und weckt damit die Vorstellung von etwas Giftigem und Gefährlichem. Das hat überhaupt keinen Zusammenhang mit dieser grazilen Pflanze aus lauter schmalen, feinen Blättern und einer Silhouette wie flatterndes, ein bißchen zerzaustes Haar. Estragon ist keineswegs schädlich, sondern hat eher den Ruf, die Verdauung zu erleichtern.

Ich hatte Lust, der Geschichte dieses kuriosen Namens nachzugehen, dem Drachen näherzukommen. Die erste Erklärung hat den Vorteil der Einfachheit: Der botanische Name *Dracunculus* und die Bezeichnung Schlangenkraut entstanden, weil seine Wurzeln sich wie kleine Schlangen zusammenkringeln. Das glaube ich aufs Wort. Ich werde meinen schönen Estragon ganz bestimmt nicht ausgraben, bloß um die Lage seiner Wurzeln nachzuprüfen. Zweite Erklärung: Es gibt keinen Zusammenhang mit irgendeinem eingebildeten oder wirklichen Drachen. Der Name solle von dem arabischen *tarkhûn* stammen, habe sich dann durchs Lateinische geschlängelt und sei in der Form von *tarchon* schon bei Rabelais aufgetaucht. Diese Erklärung finde ich zwar nicht ganz ausreichend, aber das soll mir auch recht sein. Ich mag Pflanzen, die ihre Geheimnisse bewahren, ihren Duft aus anderen Gefilden, ihre unbekannte Vergangenheit.

Mit seinem wissenschaftlichen Namen heißt der Estragon *Artemisia dracunculus*, Absinth Estragon. Mein kleiner Drache hockt noch immer in irgendeinem Winkel, aber welcher Zusammenhang besteht mit Wermut, seinem Bann, seinen Auswüchsen zum Wahnsinn? Die einzige entfernte Verwandtschaft, falls es denn eine ist, die ich zwischen Wermut und Estragon finden könnte, läge in ihrer Art zu wachsen, die immer feiner werdenden Stengel, die nach und nach verschwindenden Blätter, die Entwicklung der Samen. Ich frage mich auch, warum unser Estragon sich überhaupt die Mühe macht, ein paar Samen zu fabrizieren, denn sie sind unfruchtbar, es sei denn, es handelte sich um russischen Estragon, der robuster, aber weniger würzig ist. Mein Estragon ist nur durch die Teilung des Wurzelstockes zu vermehren.

Estragon soll aus Sibirien stammen. Meine Phantasie und meine Lektüre liefern mir von Sibirien ein Bild, das eher unvereinbar ist mit einem Garten, aber das ist nicht so wichtig. Das Unlogische an dieser Herkunft liegt darin, daß Estragon Kälte schlecht verträgt. In unserem Klima, in Nordfrankreich, wo die Temperaturen doch nicht im entferntesten so tief fallen wie in Sibirien, erfriert Estragon im Winter manchmal. Jedenfalls ist meine erste Estragonpflanze wirklich erfroren. Seitdem widme ich mich seinem Nachfolger voller Hingabe, packe ihn immer in eine dicke Decke aus Laub ein, und er wächst jedes Frühjahr frisch und munter von neuem.

Sauerampfer

Ampfer wächst in Büscheln, schaut ein bißchen aus wie Salat und ein bißchen wie Spinat. Meine gute alte Ampferstaude hat zartgrüne helle Blätter, die nicht so steif und mit Blattrippen gemustert sind wie Spinat. Mein Ampfer sitzt brav im entlegensten Winkel des Gemüsegartens, ist von beispielhafter Diskretion und hat einen wirklich anständigen Charakter. Er toleriert alle meine Schlampereien. Ich kümmere mich bloß um ihn, wenn ich ein paar Blätter brauche. Ich gieße ihn nicht einmal im Sommer, wenn alles in der Sonne brät. Früh am Morgen leiden die Blätter, werden von schwarzen Schnecken heimgesucht, denen Ampfer so gut zu schmecken scheint, daß sie scharenweise hier frühstücken kommen. Manchmal nagt irgendein Schädling die Blätter ab, bis sie schier durchsichtig werden; er scheint sich zuerst an der Farbe zu mästen. Wird er dann selbst grün, dieser Vielfraß, den ich noch nie gesehen habe? Der Ampfer erholt sich immer wieder. Ganz gleich, welche Nachbarschaft ich ihm zumute, Pfefferkraut, Mais oder Kürbis, ich habe niemals erlebt, daß er etwas übelnimmt, daß er dem einen oder anderen die kalte Schulter zeigt.

Ich nenne ihn alt, dabei ist er erst sechs Jahre auf der Welt, aber Ampfer sollte alle drei bis vier Jahre durch Aussaat oder Wurzelteilung erneuert werden. Ich habe mich an diesen da gewöhnt und ihm zwei junge Stauden zugestellt, aber die können es noch nicht mit ihm aufnehmen.

Ob Suppe oder Sauce, von dieser lebhaften und gutmütigen Pflanze läßt sich auch die Wurzel verwenden, die man früher zur Blutreinigung empfahl. Ein gefährlicher Mißbrauch. Bei übertriebenem Verzehr von Ampfer riskiert man Harngrieß oder Nierensteine, die man heute prosaischer Lithiasen nennt. Schade. Zu erwähnen, daß man Probleme mit Nierensteinen hat, gibt der Konversation neuen Antrieb, während das Wort Lithiase wie ein abweisender Schlußpunkt wirkt. Wenn man den Ampfer milde mag, muß man ihn Blatt um Blatt vor der Sommerhitze pflücken, die ihn saurer macht. Ich bin kritisch, ich pflücke Blatt um Blatt, aber ich wähle dabei noch aus und fange mit den größten an. Es würde mir zu leid tun, die zarten jungen Blätter zu opfern und abzuschneiden, die sich noch nicht auseinandergerollt haben, als seien sie gerade erst aufgewacht.

Manchmal pflücke ich den ganzen Sommer lang überhaupt keinen Ampfer. Man hat gut reden, Ampfer sei erfrischend, aber sein saurer und zugleich fader Geschmack ist nicht immer verlockend. Außerdem verdächtige ich den Ampfer einer gewissen Charakterschwäche. Es scheint, er ist phlegmatisch und wacht nur zu Zeiten der Reife auf, sonst würde er sich nicht derartig pflegeleicht zeigen. Der Pollen wird vom Wind weitergetragen, und ein einziger kleiner Ampfer sät ein paar hundert Millionen Samen aus. Erfahrene Gärtner pflanzen nur männliche Stauden an, um zu verhindern, daß alle Kraft des Ampfers in die Samen geht, die obendrein in völliger Anarchie zwischen dem Gemüse keimen. Bei meinem Ampfer handelt es sich natürlich um eine weibliche Pflanze, die ebenso natürlich massenhaft Samen produziert, welche jedoch, ich weiß nicht wieso, niemals zu keimen scheinen. Sieht aus, als sei mein Ampfer eine unfruchtbare alte Jungfer.

Liebstöckel

Als Vorposten im Gemüsegarten, schräg gegenüber vom Sauerampfer, reckt der Liebstöckel sich wie ein wichtigtuerischer Hausmeister. Von dort aus überwacht er alles, was vorgeht, vorbeikriecht oder -klettert. Ausgenommen die Kürbisse, natürlich, die sich über ihn hinwegsetzen. Mein Maggikraut oder Liebstöckel – er wächst und wächst, jedes Jahr von neuem und immer dichter. Manchmal vergesse ich ihn, wenn ich anderes Gemüse pflanze, und stehle ihm seinen Lebensraum. Dann kommt er so blaß und mager heraus, als ob er auf der Flucht wäre, siecht dahin, und ich glaube schon, er sei eingegangen. Aber keineswegs, er zieht sich nur in sich zurück, er wartet ab, daß das große Durcheinander um ihn herum vorbeigeht und man dann wieder ein bißchen an ihn denkt. Oder, mein Pech, er zeigt diesmal nur ganz winzige, symbolische Stengelchen und kehrt erst im nächsten Jahr zurück.

Fest verwurzelt liegt er im Boden und schiebt seine spitzen Triebe immer höher hinauf. Dann läßt er sich Zeit, um seine Blätter auszubreiten, und krönt seine harten, geraden Stiele zum Schluß mit Samenbüscheln, die er wie mit gereckten Armen so hoch wie nur möglich zu halten scheint.

Seit ein paar Jahren in seinem strategischen Winkel angesiedelt, hat mein Liebstöckel derartigen Umfang angenommen, daß ich Stiele nur schneide, um Platz zu machen. Dadurch wird er noch robuster, widersteht allem. Ein spezieller Feind liegt auf der Lauer: Schorf, ein gefürchteter Pilzbefall. Der Liebstöckel schaudert schon, wenn dieser schreckliche Name nur erwähnt wird. An der befallenen Pflanze werden zuerst die Gefäße zerstört, dadurch wird die Ernährung unterbrochen, und zum Schluß stirbt die Staude ab. Aber nicht mein Liebstöckel; er kennt keine Angst. Erstens, weil er sehr stark ist. Zweitens, weil ich ihm in diesem Jahr Leibwächter zugeteilt habe. Eine ganze Armee Lauchstangen, die als Mischkultur gemeinsam mit dem Liebstöckel die Eindringlinge abwehren. Auch Blumenkohl eignet sich zur Mischkultur mit Maggikraut, aber das habe ich noch nicht ausprobiert. Schließlich ist er bis jetzt noch niemals krank gewesen, dieser Liebstöckel. Er hat sich auch noch niemals erkältet, dabei soll er doch so kälteempfindlich sein. Ich mache mir nie die Mühe, ihn zuzudecken oder Erde rund um ihn herum anzuhäufeln, und er gefriert trotzdem nicht. Ein richtiger Kerl.

Er hat auch ein sehr kräftiges Aroma, ein einziger kleiner Zweig genügt, um einen Topf voll Suppe oder um einen Salat zu würzen. Bei seinem guten Wuchs könnte ich ein Jahr lang jeden Tag Suppe kochen, ohne ihn jemals aufzubrauchen. Überhaupt verwendet man ihn schon seit dem Mittelalter, ohne seiner überdrüssig zu werden, und das hat seinen Grund: Liebstöckel steckt voller Vitamine und genoß den Ruf, die Manneskraft zu stärken.

Eisenkraut

Als ich sie einsetzte, war mein Eisenkraut eine ganz kleine, kümmerliche Pflanze, kaum höher als Moos, und sah so anspruchslos, so bescheiden aus, daß ich mich ihrer in einem Winkel zwischen zwei Gartenwegen, zwischen Erdbeeren, Petersilie und ein paar eher langweiligen Blumen wie den Taglilien sozusagen entledigt habe. Das Eisenkraut ist gewachsen, in die Höhe und in die Breite. Ich habe es abgeschnitten, der Rest ist verwelkt, es ist von neuem gewachsen. Von Ableger zu Ableger bedeckt es jetzt eine Fläche, die ausreicht, um einen ganzen Völkerstamm von Gemüsegartenbewohnern zu ernähren.

In diesem Jahr gibt es keine Taglilien mehr: Sie sind überwuchert vom Eisenkraut. Wenn ich es nicht regelmäßig enthaupten würde, gäbe es da auch keinen Gartenweg mehr. Obendrein protzt es mit hartnäckigen Wurzeln, die sich nur nach erbittertem Kampf herausziehen lassen. Perfide breitet es sich dicht über den Boden kriechend aus, mit winzigen Trieben. Inzwischen hat das Eisenkraut schon einen Gartenweg überquert und macht sich über das Beet her, auf dem meine armen Kohlköpfe langsam, langsam bauchig werden. Das Eisenkraut überrollt alles, Zentimeter um Zentimeter: Es hat schon die ersten Radieschen vertrieben, die in zwei Reihen vor den Kohlköpfen Wache stehen. Das Eisenkraut verfolgt seine Eroberungszüge mit klammheimlicher Taktik: Im Winter, wenn alle Stengel abgeschnitten sind, scheint nichts mehr von ihm übrig zu sein, es gibt keinen Hinweis auf seine zukünftigen Kolonisierungspläne.

Im Frühling ist es für jede Gegenwehr zu spät; das Eisenkraut schießt überall gleichzeitig heraus, zuerst nur dicht am Boden, und wartet auf den richtigen Augenblick, um die Köpfe zu recken. Es breitet sich gleichsam unterirdisch aus und läßt erst einmal nur ein paar grüne Triebe wie Fernrohre herausschauen. Nur die ersten, knapp über dem Boden wachsenden Blätter scheinen gut genährt. Die Stengel sprießen dünn und kahl, nur mit ein paar sparsamen kleinen Blütenähren in die Höhe. Das Eisenkraut ähnelt einer dünnen, humorlosen Hopfenstange, es ist eine Pflanze, die keine Schwäche zugibt, streng erzogen.

Eisenkraut heißt *Verbena officinalis*, im Volksmund auch «heiliges Kraut», und es ist so widerstandsfähig, daß es einfach überall wächst, ganz im Gegensatz zur zarten *Verbena citriodora*, dem Zitronenkraut, das ich zwei Jahre hintereinander stur angepflanzt habe, ehe ich einsehen mußte, daß es den Winter niemals übersteht. Man nennt Eisenkraut auch noch Hexenkraut oder Allesheiler. Mir gefallen diese Namen, aber von den medizinischen Eigenschaften bin ich noch nicht so ganz überzeugt. Die in Essig gekochten Blätter, als Umschlag auf die schmerzende Stelle gelegt, sollen Verstauchungen und Seitenstechen lindern und sogar eine Brustfellentzündung heilen. Man muß natürlich eine gewisse Schmerzunempfindlichkeit zeigen, um abzuwarten, bis die Blätter gewachsen, gepflückt und gekocht sind, aber die Linderung der Qualen wird dann gewiß um so mehr geschätzt. Die Druiden reinigten ihre Altäre mit einem Aufguß aus Eisenkrautblüten. Ich trinke Eisenkrauttee, weil er gut schmeckt und gegen schlechte Laune hilft.

Damit man es das ganze Jahr über zur Verfügung hat, wird Eisenkraut getrocknet. Man pflückt es bei der ersten Blüte, am besten morgens, wenn der Tau verdunstet ist. Dann ist die Pflanze noch nicht vom Tag erschöpft und bewahrt ihre Frische. Ich hänge es in Sträußen auf. Man kann es auch auf Tüchern ausbreiten, immer in einem trockenen Raum und vor Licht geschützt. Wenn das Eisenkraut getrocknet ist, weiß ich nicht mehr, was ich damit anfangen soll, ich vergesse es, lasse es verstauben. Abgesehen vom Tee aus frischen Blättern, finde ich die Nützlichkeit des Eisenkrautes langweilig. Außerdem wächst es einfach zu üppig. Wenn ich mir das Regiment dünner Lanzen anschaue, dessen Fortschreiten ich ständig eindämmen muß, schwindet meine Sympathie für Eisenkraut doch erheblich.

Melisse

Melissenaroma im Tee kompensiert den eher faden Geschmack des Eisenkrautes. Zusammengemischt ergänzen sie sich recht gut. Ich habe sie nicht weit voneinander angepflanzt, und weil ich noch nicht recht überzeugt bin von der Robustheit meiner *Melissa*, verteidige ich sie gegen die angriffslustige *Verbena*. Ich habe die Melisse gehegt, gepflegt und verwöhnt, damit sie wächst. Sie jetzt so schön, so gut gediehen zu sehen erstaunt mich noch immer, und bei jeder Begegnung streichele ich sie mit den Augen wie mit den Händen.

Die Ratschläge für den Anbau hatten mich gar nicht ermutigt: empfindlich gegen Kälte und Feuchtigkeit, braucht einen geschützten Standort und Schutz vor dem Winter, vor Trockenheit und Wasserschäden. Aussaat natürlich im Treibhaus. Lauter ziemlich große Komplikationen für jemanden wie mich, der noch mit simplen gärtnerischen Aufgaben kämpft, schlecht ausgerüstet ist und sich in seiner eigenen ungeschickten Organisation verheddert. Über ein Treibhaus verfüge ich nicht, nur über ein paar leichte Mini-Gewächshäuser aus Plastik, die in der Nähe der Heizkörper aufgestellt und von einem Fenster zum anderen geschleppt werden, ehe sie im Garten einen auch nicht immer optimalen Platz finden.

Trotz meiner Skepsis hat die Melisse gekeimt, ist gewachsen, hat meine ganze Unbeholfenheit ertragen. Ich habe sie erst spät in den Garten gepflanzt, im Herbst, und überzeugt, daß sie für unser Winterwetter nicht geeignet ist und die Kälte nicht überleben würde. Fürsorglich, aber ohne an den Nutzen zu glauben, habe ich sie mit einer ordentlichen Schicht aus Laub und Holzspänen bedeckt. Im Frühling ist die Melisse frisch und munter aufgewacht, hat große, dunkelgrüne Blätter bekommen, die vor Gesundheit strotzten und nicht die geringste Neigung zu Bleichsucht oder Mattigkeit zeigten. Kräftiger, auch stolzer als Brennesseln, entschlossen, zu leben, zu gedeihen und gegen die schleichende Umzingelung durch das Eisenkraut zu kämpfen, hat sie ihren Duft wie Fangarme ausgebreitet.

Die Melisse ist eine freundliche, fröhliche Pflanze, und so hat sie auch freundliche Namen bekommen: Zitronenmelisse, Frauenkraut, Herztrost, Honigblatt. Sie riecht gut, sie ist für alles gut, gegen Schlaflosigkeit, nervöse Unruhe, Migräne, Menstruationsbeschwerden, chronischen Schnupfen und Fieber. In alten Kräuterbüchern findet man Rezepte für «Karmeliterwasser», Melissengeist. Man läßt Melissenblätter zusammen mit Angelikawurzeln und Zitronenschale etwa zehn Tage lang in Wein einweichen, gießt durch ein Sieb ab, fügt Zimt, Muskat, Koriander und Gewürznelken hinzu, geduldet sich noch einmal eine Woche und verdünnt das Ganze mit Wasser. Melissengeist fördert die Verdauung und kann auch für Umschläge auf kleinen Verletzungen verwandt werden.

Wenn die Finger sich damit vergnügen, ein Melissenblatt zu zerreiben, dann duften sie milde nach Zitrone, aber doch stärker und süßer als der Duft des Zitronen-Eisenkrautes. Wegen dieses Aromas benutzen auch Parfumhersteller Melisse in ihren Kompositionen. Eines Tages werde ich mir einen Destillierapparat kaufen, eine Destillierblase und so ein Ding mit Retorten und einem Zickzack gläserner Leitungsröhrchen, und werde mich an Melissengeist und anderen Kräuterwassern versuchen. Vor meinem geistigen Auge sehe ich schon ganze Reihen eleganter kleiner Flakons, beklebt mit genauso eleganten Etiketten, die ich natürlich mit der Hand schreiben werde.

Angelika

Wie eben eines das andere ergibt, so führt eine Pflanze zur nächsten, und ich fürchte, mein Garten erstickt irgendwann einmal am Überfluß der Heilkräuter, die nicht immer wirklich nützlich, aber oft recht raumgreifend sind. Für meinen künftigen Melissengeist habe ich also schon einen Angelikasetzling eingepflanzt. Ich kannte nur die Bezeichnung, leicht wie ein ländlicher Vorname oder wie der einer Nonne: Schwester *Angélique-des-prés*, Schwester Angelika-auf-den-Wiesen, das klingt gerade so hübsch wie *la marquise des Anges*, die Gräfin Angélique aus der gleichnamigen Romanserie.

Meine Angelika, mein kleiner Setzling, wird auch Engelswurz und Dreieinigkeitswurzel genannt, ich frage mich, warum. Um nachzuschauen, welche Form die Wurzel hat, werde ich abwarten, bis meine Pflanze groß und stark geworden ist, mindestens ein Büschel oder ein Busch, ehe ich auch nur ein kleines Stückchen von ihr abreiße.

Angelikawurzel gehört nicht nur in meinen Melissengeist, sie wird auch sehr viel für Tees verwendet. Wilde Angelika wächst so ziemlich überall. Zehn Gramm Wurzel auf einen Liter Wasser – ich werde auch eine Apothekerwaage, eine Goldwaage kaufen, um die Kräuterunzen zu wiegen! – sollen die Verdauung fördern, vor allem die der Fette. Meine *Angelica archangelica* und auch ihre wilde Schwester, die in Straßengräben und auf feuchten Wiesen wächst, sind gut für alle Fälle: anregend und wassertreibend, empfohlen bei Fieber, Erbrechen, krankhaftem Schluckauf, Koliken und Neurosen.

Ich habe Likör daraus gemacht. Er ist süßlich und gelbgrün, ein bißchen wie Kartäuserlikör, und schmeichelt weder der Zunge noch dem

Auge, sondern eher der Phantasie – die alten Damen früherer Epochen hatten eine Schwäche für ihn. Bei dem Zwang zu Zurückhaltung und Tugend, unter dem die Ärmsten lebten, konnten sie vermutlich mit ihren Mitteln nicht wählerisch sein, zumindest was die Neurosen anging.

Optimisten haben Angelika früher sogar gegen Skorbut und gegen Bisse von tollwütigen Hunden empfohlen. Heute wird Angelika noch in Parfums, in Konfekt und Backwerk verwendet. Mit den kandierten Stengeln wird Kuchen verziert, mit den Samen Likör gewürzt.

Bis es soweit ist mit diesen vielen verschiedenen Verwertungen, wächst meine Angelika hoch und kräftig. Ich hätschele sie, ich schläfere ihr Mißtrauen ein, und weil sie Feuchtigkeit mag, habe ich sie an einem halbschattigen Platz angesiedelt. Bis sie größer wird, habe ich ihr Lupinen als Nachbarn gegeben und auch eine Staude Baldrian, der so großartig wächst, daß ich mich schon frage, wer von beiden den Nutzen aus dieser Gesellschaft zieht.

Baldrian

Valeriana officinalis wird auch Augenwurz, Marienwurzel oder St.-Georgs-Kraut genannt, und diese freundlichen Namen, patiniert von all den unbekannten Händen, all den Stimmen, die gleichzeitig die Landschaft geprägt und sich an der Kräuterkunde versucht haben, gefallen mir viel besser. Zu seinem Unglück wird Baldrian auch Katzenkraut genannt, angeblich soll er Katzen aus der ganzen Nachbarschaft anlocken und in kollektive Hysterie stürzen können. Das ist eine Fabel; Katzen reagieren nur auf Baldrian*tropfen*, und wer schüttet schon Baldriantropfen in seinem Garten aus?

Mein Baldrian gedeiht nun schon drei Jahre lang, und ich habe noch keine einzige Katze dabei erwischt, wie sie um ihn herumschlich oder sich gar auf ihm wälzte, Vollmond oder nicht. Und es ist ganz zweifelsfrei wirklich Baldrian, der Vergleich mit Fotos und Beschreibungen in Gartenbüchern beweist es ebenso wie der Duft. Außerdem habe ich in der Nachbarschaft einen großen, dekorativen Baldrianstrauch zum Vergleichen.

Ich habe auch noch Samen ausgesät, Setzlinge gezogen und dann ausgepflanzt, die «Katzenminze» genannt werden, und die dann der Minze glichen, in Form und Farbe vielleicht sogar eher Brennesseln. Meine Katzen ignorieren sie, spazieren daran vorbei, ohne zu grüßen oder auch nur mit der Nase zu zucken. Aber wenn ich diese Minze trockne und als Spielzeug für sie eine alte Socke damit ausstopfe, dann schnappen sie tatsächlich über. Sie sind völlig verrückt nach ihrem duftenden Plüschtier, wälzen sich damit, reiben sich daran, kratzen und beißen darauf herum und werfen es in die Luft.

Katzenminze scheint ihren aufreizenden Duft nur in getrocknetem Zustand zu verströmen. Oder sind die Katzen schon zu degeneriert, unfähig, frische Pflanzen zu erkennen und zu schätzen, zu sehr an Dosenfutter und eine sterile Lebensweise gewöhnt?

Ich vermute, auf eine Socke voll getrocknetem Baldrian wären sie genauso versessen. Aber bis jetzt habe ich noch nicht die Energie aufgebracht, mich weiter mit dem Baldrian zu beschäftigen, ihn sauber zu pflücken und richtig zu trocknen. Dabei hat auch Baldrian und das Pulver aus seinen Wurzeln goldene Zeiten als krampflösendes Mittel bei Epilepsie und Magenkrämpfen erlebt, und der Schlaftee aus den Blättern wird immer noch verwendet.

Mein Baldrian scheint dankbar zu sein, weil er von jedweder Verwendung verschont bleibt, und so wächst er hoch und gewinnt an Statur. Er bekommt über einen Meter hohe, aber fast blätterlose Stengel, trägt seine auffälligen weißen, leicht rosig getönten Doldenblüten so hoch wie nur möglich, stolz und ernst wie Signalflaggen. Aber was will er mir signalisieren, die ich nicht einmal das Alphabet der Pflanzen beherrsche?

Wermut und Beifuß

Von meiner Begeisterung hingerissen, habe ich in meinen Garten alles hineingestopft, was ich an Pflanzen mit wohltönenden Namen finden konnte, die wie Echos von Kinderreimen, von ländlichen Tänzen klangen. Pflanzen, von denen ich annahm, sie würden nur als Namen existieren oder seien jedenfalls so gut wie aus der Landschaft verschwunden, bis ich plötzlich entdeckte, daß es sie tatsächlich gab und sie oft unglaublich vital waren. Ich pflanzte meine Schätze wie Raritäten, wie Zeugen der Vergangenheit, doch wenn sie eine Silhouette und Blüten bekommen hatten, merkte ich oft, daß sie sehr gewöhnlich und weit verbreitet waren. Es genügte, einen kurzen Spaziergang über Land zu machen, um sie an sämtlichen Wegesrändern zwischen Wiesen und Feldern, in sämtlichen Lücken zwischen den Kulturpflanzen zu finden. Ein paar, noch im Stadium kleiner Schößlinge, gehörten sogar schon zu meinem Kontingent an Unkräutern. Das ist egal; sie zu kennen macht mich zur Komplizin, voll Nachsicht für ihren Überschwang, für den ich schließlich auch selbst verantwortlich bin.

So erging es mir mit der schönen und geheimnisvollen *Artemisia vulgaris*, mit ihrem sanften und schleppenden Namen, dem ich in alten Romanen und Arzneibüchern begegnet war, weshalb ich sie für eine schüchterne und zarte Schönheit hielt. Eine elegante Hoheit, die man in unzugänglichen Schluchten pflücken, um den Preis von gefährlichen Klettereien entdecken müßte. Als ich eines Tages in einer Gärtnerei einen Setzling fand, pflanzte ich ihn mit der Sorgfalt ein, die exotischen Blumen zusteht, mit Kompost, vorsichtigem Begießen und allen Finessen.

Sie ist so schnell gewachsen, meine *Artemisia*, daß sie ein paar Wochen später schon ausgelichtet und geschnitten werden mußte. Sie war sofort in meinem Garten heimisch. Und das mit Recht: Auf sämtlichen Wegböschungen in der Umgebung gab es Stauden, die ich als *Artemisia* wiedererkannte, sie unterhielten sich wie alte Bekannte. Meine Neuerwerbung brauchte sich nur zu ihnen zu gesellen. Übrigens wird die *Artemisia* auch Beifuß oder Besenkraut, Jungfernkraut, Weiberkraut und Sonnenwendkraut genannt.

Eleganter und mondäner, macht ihre Kusine *Artemisia absinthium* sich nicht so leicht gemein. Absinth oder Wermut ist die kultivierte Ausgabe des Beifuß, aber genauso raumgreifend. Als ich ihn gepflanzt habe, ahnte ich nichts von dieser Verwandtschaft. Mich trieb eher das Vergnügen an Ent-

deckungen, der Geschmack am Verbotenen, die Anziehungskraft dieser mephistophelischen Dünste, in denen so viele Künstler des vorigen Jahrhunderts untergingen. Absinth, Wermut, klingt nicht neutral, schon der Name erinnert an Wahnsinn. Auch wenn ich den Absinth nicht destilliere, verleiht die Tatsache, daß diese Pflanze bei mir wächst, meinem Garten die Aura einer illegalen Brennerei.

Dabei hat Absinth auch andere, ganz ehrbare Namen: Magenkraut, Wurmkraut. «Ein kleines Glas vor der Mahlzeit als Appetitanreger. Ein kleines Glas nach der Mahlzeit zur Förderung der Verdauung. Ein kleines Glas am Morgen als Wurmmittel.» Enttäuschend. Da wird dieser schreckliche Absinth, der so kriminell ist, daß man ihn verbietet, in alten Rezeptbüchern als harmloses Wurmmittel eingestuft, das man am Morgen trinken soll! Allerdings handelt es sich hier nur um Wermutwein …

Wenn er sozusagen auf Samtpfoten daherkommt, in der milden Form von Tee, zeigt sich Wermut recht diensteifrig: appetitanregend, verdauungsfördernd, gut gegen Fieber, Würmer und zur vorbeugenden Einreibung gegen Insektenstiche, antiseptisch, tonisch und so weiter. Im getrockneten Zustand soll er Motten abwehren. Er soll sogar gegen Blattläuse helfen, aber davon bin ich keineswegs überzeugt; nach meinen Erfahrungen sind Blattläuse mit sanften Methoden nicht kleinzukriegen. Nervösen Menschen wird von Wermuttee abgeraten, selbst wenn er schwach ist.

Aus Neugier habe ich ein Rezept für Wermutwein ausprobiert. Er war derartig scheußlich, daß ein einziger Tropfen zur Abschreckung sämtlicher Geschmacksnerven genügt hat. Aber vielleicht war der Elsässer Wein daran schuld, den ich für den Aufguß verwendet habe. Vielleicht war auch einfach das Rezept schlecht. Oder der Geruch der Pflanze selbst war schuld. Man braucht nur an ihr vorbeizugehen, und schon wird man von dem sauer-bitteren, giftigen Geruch abgestoßen, der sogar noch im Blattwerk der benachbarten Johannisbeeren hängt. Man empfindet ihn als pervers und böse, und darin liegt die Verführung.

Neben ihrer Vergangenheit als Giftmörderin fasziniert mich an der Absinthpflanze auch ihre Neigung, wild und ohne Probleme überall zu wachsen, ohne sich über Kälte oder Trockenheit zu beklagen. Nichts widersteht ihr, sie erstickt schon einen jungen Pflaumenbaum, breitet sich wie Sickerwasser aus. Es freut sie, wenn man sie abschneidet, sie wächst nur noch munterer von neuem. Ich finde, sie hat etwas Gefährliches an sich, etwas, das Mißtrauen weckt. Ihre feinen, gezackten Blätter sind trügerisch weich und grünlichblaugrau, wie eine Pflanze mit kaltem Blut. Sie streckt sich, als hätte sie Fangarme, als wäre sie aus einer anderen Welt aufgestiegen, vielleicht ist sie eine ausgezackte Meeresalge, die von verrückten Fischen bis zum Wahnsinn zerbissen worden ist.

Majoran

Den Majoran, den habe ich auch wegen seines Namens angepflanzt. Drei würzige Halme, so niedlich wie der Klang seiner Silben.

Ich dachte, Majoran sei eine seltene Pflanze, eine Pflanze für Heilkräutergärten, ein Sammlerstück für Märchenliebhaber. Der Setzling, den ich bei einem Gärtner entdeckte, begeisterte mich wie eine seltene Erstausgabe. Rasch und bereitwillig gewöhnte er sich in meinem Garten ein. Ich hielt für Entgegenkommen, was nur angeborene Zähigkeit war, denn schließlich bedeckt Majoran ganze Böschungen. Er wächst überall. Meine Ermunterungen müssen ihn belustigt haben, wo er sich sogar zwischen Pflastersteinen hervordrängelt. Er würde den Ozean überqueren, wenn es in meinem

Garten einen gäbe. Sprunghaft breitet er sich aus, wobei er nicht sehr hoch hüpft, aber sich stark und selbstsicher rundet, der Charmeur, und sich zu wahren Festungen formiert. Ich nutze jeden Vorwand, um ihn zu pflücken, heimtückische Versuche, ihn zu amputieren. Ich trockne ihn sogar. Und hinterher?

Sein offizieller Name lautet *Origanum majorana.* (Man verwendet ihn in der Parfumindustrie und der Küche.) Ein anregender, aufmunternder Charakter. Schwach dosiert soll er beruhigend wirken, stark dosiert anregend und bei übertriebenem Gebrauch gefährlich sein. Und ich werfe ihn heimlich und reichlich in fast alle Gerichte, nur um ihn loszuwerden …

Ein angenehmer Gartenbewohner, ein bißchen unordentlich, aber fröhlich und hübsch, wächst er wie ein niedriger Strauch mit Unmengen kleiner, runder Blätter in kräftigem, solidem Grün. Er ist nie krank, hat nie Flecken, Parasiten oder irgendwelche Schwächen. Man spürt seine Eroberungslust, seine besitzergreifende Art. Einen Rivalen hat er schon verdrängt, dieses langweilige blaue Kraut, das ich gedankenlos am Rand des Gartenweges entlang gepflanzt hatte, damit er im Winter hübsch ausschaut. Das Kraut kam gegen den Majoran nicht an. De Majoran macht schon den Vergißmeinnicht den Platz streitig und dem Thymian Konkurrenz, er kreist die ein wenig dümmlichen Tuffs der Grasnelken ein, mit den rosa Kugelblüten, die nicht größer als Murmeln sind und manchmal das bestürzte Aussehen von Knoblauchblüten annehmen.

Majoran ist nicht zimperlich. Er nähert sich schon der Bibernelle, ein dummes junges Ding, das er mit einem Happ verschlingen wird, und schielt auch nach den Pfingstrosen. Kurz, eine richtige grüne Flut. Die Glockenblumen werden schon von seinem Strudel mitgerissen und ragen heraus wie der Arm eines Ertrinkenden, ein letzter Hilferuf. Ich traue dem

Majoran zu, sich sogar noch schneller auszubreiten als Löwenzahn, Hahnenfuß, Klee und Wegerich.

Seine Hartnäckigkeit gefällt mir genauso wie sein Name, der so schön zu seiner Art paßt. Und er riecht so gut; kein Parfum für einen Strizzi, sondern für einen Burschen vom Land, rotwangig und sauber. Wer Majoran schätzt, pflückt ihn bis zu Beginn der Blüte. Diese Ernte nimmt dem Garten nichts von seinem Schmuck, denn die verwaschen malvenfarbenen Majoranblüten machen nicht viel her, sind auch nicht anmutiger oder eleganter als banale Kleeblüten. Majoran hat ein bäuerliches Temperament und ist praktisch veranlagt, er strahlt eine Art heiterer Gründlichkeit aus. Als Absud regt Majoran den Appetit an und bekämpft Schlaflosigkeit; Einreibungen erleichtern bei Rheumatismus, und Nasentropfen dämpfen Heuschnupfen. Es ist gut, ihn im Garten greifbar zu haben; er ist ein nützlicher kleiner Hausgenosse, auch wenn er manchmal ein bißchen stört.

Pimpinelle

Pimpinelle gehört auch zum Reigen der Pflanzen, die einen so leichten und fröhlichen Namen tragen, daß ihr Mangel an Schönheit darüber in Vergessenheit gerät. Bei der Suche nach freundlichen Beinamen, mit denen man sie hätte schmücken können, habe ich nur den offiziellen botanischen Namen gefunden, das zeremoniöse *Poterium Sanguisorba*. Ich habe mich an die Etymologie gehalten: die hübschen Glöckchen der Pimpinelle wurden im Mittelalter *Pipinella* genannt, in möglicher Ableitung von *piper*, Pfeffer. Ein magerer Fund. Ohne volkstümliche Namen, die eine alte, sentimentale Geschichte erzählen, kommt mir meine Pimpinelle vor wie eine

Waise. Wenn ich die Spur ihrer alten Beinamen zurückverfolge, habe ich das Gefühl, daß ich meine Pflanzen besser kennenlerne und gleichzeitig den Menschen begegne, die sie genügend geschätzt haben, um ihnen einen Namen zu geben.

Für den Charme dieser vier Silben habe ich also eine Pimpinelle gepflanzt. Ich muß gestehen, mit ihren kleinen, runden Kugelblüten ist sie keine besondere Schönheit. Eine sehr lebendige junge Pflanze, aber überaus verbreitet und von unauffälligem Aussehen. Die Stengel und die fein gezahnten Blätter recken sich mit einiger Anmut auf. Sie ist auch nicht kompliziert, meine Pimpinelle, sie gedeiht freundlicherweise bei mir, und sie hat den Ruf, daß es ihr überall gefällt.

Von diskretem, aber nicht unangenehmem Duft, der an Gurken erinnert, teilt Pimpinelle auch die Tugenden der alten Hausmittel. Sie selbst, ihre Schwester oder ihre Kusine, denn ich weiß nicht, ob meine Pimpinelle zum *Poterium Sanguisorba officinalis* oder zum *minor* gehört. Pimpinelle officinalis soll innere Blutungen, Darmfäulnis und Säuglingsdurchfall stoppen, und die frischen Blätter, vor der Blüte gepflückt, lindern angeblich leichte Verbrennungen und Hämorrhoiden. Nun, da wird jeder tun, was er für richtig hält. Die getrockneten Blätter werden natürlich für Tee und Aufgüsse verwendet.

Im Augenblick begnüge ich mich damit, zuzuschauen, wie meine Pimpinelle wächst. Und je länger ich sie betrachte, desto sicherer weiß ich, daß ich sie kenne. Vor allem ihre Blätter. Etwas weiter weg, unter einer Forsythie, wachsen einige Pflanzen, die ich ganz zu Anfang eingesetzt habe und von denen ich bis heute nicht weiß, wie sie heißen. Obwohl ihre Blätter größer und härter sind, gleichen sie zum Verwechseln denen der Pimpinelle. Der Unterschied liegt in den Blüten. Oben auf einem langen, steifen Stiel sitzen keine kleinen Kugeln, sondern ein schöner rosa Federbusch.

Diese Pflanze hißt zu Beginn des Sommers fröhliche Fedesträuße, geschmeidig wie Weihwasserwedel, die sich vergnüglich im Wind wiegen, ohne an irgend etwas zu denken. Bestimmt die Kusine *Sanguisorba*, eine dekorative Exzentrikerin und vollkommen nutzlos.

Gartenraute

Weil ich einmal dabei war, habe ich im gleichen Schwung auch noch die weiche, hübsche Kamille gepflanzt, obwohl ich noch immer nicht weiß, was ich bloß mit all den Blüten anfangen soll. Und eine Gartenraute, wegen ihres Beinamens Gnadenkraut. Ich stellte mir eine sanfte Pflanze vor, ganz in Andacht versunken, tugendhaft, die Güte selbst. Aber diese gefährliche Heuchlerin heißt mit vollem Namen Stinkende Raute. Giftig! In alten Pflanzenbüchern steht sie im Kapitel «Gifte», und junge Mädchen werden gewarnt: «Es ist ein Irrtum anzunehmen, mit Raute könne man abtreiben; sie tötet die Mutter schneller als das Kind.» Trotzdem wurde Raute für Spülungen und gegen Läuse empfohlen. Außerdem sollte sie die Ratten aus den Speichern vertreiben.

Seit ich das weiß, mustere ich meine Gartenraute mit kritischem Blick und ohne Nachsicht. Sie muß ahnen, daß ihre Zeit in meinem Garten sich dem Ende nähert, daß ich etwas gegen sie aushecke, einen sanften Meuchelmord. Sie beeilt sich, sie treibt aus. Das nutzt ihr auch nichts. Eines Tages werde ich sie einfach umbringen.

Borretsch

Morgenwecker, Eselskraut, Warzenkraut, Teufelsrübe, Schneidekraut, Handschuh Unserer Lieben Frau, Katzenmaul, Dame um elf Uhr, Namen, die nach mündlich überlieferten Anekdoten klingen. Namen, die zu Titeln von Kriminalromanen anregen könnten. Namen, die von weit her kommen, aus der Zeit, als die Landschaft bedeckt war von Wildblumen, denen man Tugenden und Missetaten zuschrieb. Viele Arten sind inzwischen verschwunden. Und bei denen, die noch übrig sind, brauche ich einen Pflanzenführer mit Fotos, um wenigstens ihren Namen zu wissen. Und wenn es mir gelingt, bei einer zufälligen Begegnung diese großen Blätter und diese strahlend blauen, sternförmigen Blüten mit dem Namen Borretsch zu verbinden, dann habe ich das Gefühl, daß ich auf dem Weg der Rückkehr aus dem städtischen Exil einen weiteren Schritt vorangekommen bin.

Frauenmantel, Fette Henne, Rosenwurz, solche Namen versetzen mich in eine nostalgische Welt, sie erinnern an all diese Landleute, die ich nicht gekannt habe, deren Leben und Gefühle ich mir nicht einmal vorstellen kann, und die eng mit den Pflanzen zusammengelebt und ihnen das Geschenk eines eigenen Namens gemacht haben. Es ist, als weckten sie eine sehr ferne Erinnerung, die wiedergeboren werden will. Ich fühle mich weniger alleine.

Mittlerweile bin ich nachsichtiger gegenüber den sogenannten Unkräutern geworden. Oft lasse ich sie in meinem Garten einfach wachsen, manchmal werden sie fast zu meinen Lieblingen. Am Morgen schaue ich aus Neugier zuerst nach ihnen, um zu wissen, wie dieses aussieht und ob jenes endlich blüht. Und mit meinen Pflanzenführer in der Hand erlebe ich vielleicht, vielleicht die Überraschung, eine bisher Unbekannte als Sproß einer alten Familie wiederzuerkennen, mit allen typischen Verschrobenheiten und dem ganzen Familientratsch.

Vom Borretsch habe ich lange nur die Blätter und seine hartnäckige Wurzel gekannt, die es so mühsam machte, ihn auszureißen. Ich habe ihn für Unkraut gehalten, ihn schlecht behandelt, dabei ist er ein geschätztes Würzkraut und wurde schon immer im Gemüsegarten angebaut. Er hat so viele Qualitäten. Harntreibend, schweißtreibend, als Tee aus den Blüten gut gegen Husten, gegen Fieber, bei Scharlach und Masern und sogar bei Brustfell- oder Lungenentzündung.

Und ich Dummkopf habe ihn als armen Verwandten aus dem Paradies verjagt! Dabei ist Borretsch obendrein auch noch wunderschön. Und bescheiden. Wenn er blüht, schenkt er uns sternförmige Blumen von herrlichem Blau, lebhaft wie ein Kinderblick, und wendet sie der Sonne zu, um das blasse Blau des Himmels nicht zu beschämen. Wenn es ihm hier in meinem Garten gefällt, soll er bleiben, mein wilder Borretsch. Irgendwann wird er mir heimlich Geschichten aus alten Zeiten erzählen.

Königskerzen

Eine fremde Pflanze hat sich, ohne große Umstände, mitten zwischen meinen kümmerlichen und immer kränklichen Heidelbeeren niedergelassen. Sie hat ihre Siebensachen ausgepackt und ihre Blätter ausgebreitet wie eine dicke Dame ihre Röcke. Große, fette und behaarte Blätter, wie aus gelblichgrünem Filz geschnitten, der einmal bessere Tage gesehen hat und inzwischen in der Sonne ein wenig verschossen ist. Ich habe ihn gelassen und mir gedacht, sie würde vielleicht die Heidelbeeren etwas aufmuntern,

diese Hypochonder, die eines Tages bestimmt an Auszehrung sterben.

Die Tage vergingen, die fremde Pflanze fühlte sich hier offenbar endgültig wie zu Hause und fing an zu wachsen. Man sah nur noch sie. Ich wagte es kaum, sie darauf aufmerksam zu machen, daß wir hier als Familie lebten und es durchaus möglich sei, daß sie störe. Sie ist gewachsen, sie hat einen unglaublichen Schaft bekommen, der bald höher als die Dahlien und der Hibiskus war und einen Kopf größer als ich. Gerade so, als wolle sie alle Bodenkriecher um sich versammeln und sie dazu aufrufen, endlich auch die Köpfe hoch zu tragen. Sie wurde zum Wahrzeichen des Gartens, symbolisierte die Würde des aufrechten Wuchses. Pfeilgerade stand sie da und ließ rund um sich herum weitere Schäfte wachsen, jünger, kürzer, aber genau so stolz und bedeckt mit gelben Blüten, die unermüdlich blühten, verwelkten und wieder blühten.

Ich beherbergte eine Königskerze, mit botanischem Namen *Verbascum thapsus*, auch unter verschiedenen Pseudonymen bekannt: St.-Loup-Ohren, St.-Fiacre-Kraut, Brennkraut, Frauenkerze und Wollblume. Sie ist bei allen Unterhaltungen dabei, mischt sich in alles ein, wächst an allen sonnigen Stellen. Optimisten versuchen, sie zu bändigen, indem sie ihre Blüten in

Hustentee verwandeln. Früher dienten die vielen pharmazeutischen Verwendungsmöglichkeiten für die Königskerze als Vorwand, sie klitzeklein zu hacken. In Milch gekocht, heilten die Blätter Hämorrhoiden, Krampfadern, Geschwüre und Flechten. Ein Absud aus den Blüten half bei Erkältungen, Bronchitis, Blutspucken, und die Blätter wirkten verdauungsregelnd.

Gott sei Dank hat meine Königskerze all diesen Verfolgungen widerstanden und die dunklen Jahre unbeschadet überlebt, um sich hier in meinen Garten zu flüchten. Ich habe mich schon auf die Zunge gebissen, weil ich sie bei ihrer Ankunft als Eindringling behandelt habe. Mit ihrem nahezu exotischen Flair ist die Königskerze eine der schönsten Pflanzen in meinem Garten geworden.

Bryonie

Trotz ihres Charmes ist die Zaunrübe eine Pflanze, die ich genauso bedauernd wie regelmäßig herausreiße. Sie wächst sehr elegant mit langen Stielen, die nie außer Atem geraten und schneller in die Höhe schießen als jede andere Pflanze. Ein wildes Klettergewächs mit sehr hübschen scharlachroten Beeren und Ranken, die sich zuerst in die eine und dann in die entgegengesetzte Richtung drehen. Ich habe versucht, das nachzuprüfen, bin dabei aber immer durcheinandergeraten. Es hat der Krautrübe nichts genutzt, daß sie sich heimlich bei mir niederließ, anfangs inkognito wuchs und versuchte, mich mit tausend Schmeicheleien zu verführen, eines Tages habe ich sie demaskiert.

Es handelte sich tatsächlich um die schreckliche Bryonie mit ihrer Kohorte nach Schwefel riechender Beinamen: Teufelsrübe, Natter, Weiße Rebe, Brandwurz, Jungfrauenwurzel, Schlangenrübe. Sie ist giftig und heimtückisch: ihre Wurzel gleicht der der Weißen Rübe, und dieser zuweilen tödlichen Verwechslung, möglicherweise Ursache zahlreicher ungeklärter Todesfälle, verdankt sie ihren Beinamen Teufelsrübe. Wenn man weder Tod noch Teufel fürchtete, verwendete man die Wurzel früher als Brech- und Abführmittel. Und weil große Sünder zusammenhalten, ließ geriebene Bryoniewurzel als Umschlag Gichtschmerzen verschwinden. Trotz ihres schlechten Rufes finde ich noch immer, daß meine Teufelsrübe sehr viel Charme hat.

Kornblumen

Auch die Kornblume ist ganz von allein gekommen, wächst nach Lust und Laune einmal hier, einmal dort, ist in einem Jahr verschwunden, im anderen Jahr überall. Diesmal hat sie sich für den Sommer wieder bei mir niedergelassen.

In beinahe symbolischer Eintracht haben die hübsche Kornblume und der Klatschmohn sich diesmal wie dicke Freunde zusammengetan. Sie streuten fröhliche Farbtupfer über die Felder, als der Weizen noch von Unkraut und Wildblumen durchsetzt war.

Die Kornblume wird aus Dankbarkeit auch Brillenbrecher genannt, denn destilliertes Kornblumenwasser hilft bei müden und kranken Augen. Man verkauft es noch immer in altmodischen Flaschen aus blauem Glas, einem Meerblau, noch kräftiger als das Azurblau der Kornblumen. Früher vermischte man Kornblumensamen mit Honig und schrieb dem abführende Wirkung zu. Immerhin paßt Honig als elegante Begleitung gut zu ihrem sanften Namen.

Diese Zierde mit den charmanten und ein wenig altmodischen Manieren erscheint unverhofft. Ich lade sie nicht ein, sie meldet sich nicht an. Letztes Jahr wuchs sie zu Füßen der Veigelia, in den Jahren zuvor neben einem kleinen weißen Rosenstock. Diesmal hat sie sich ganz hinten im Garten einen Platz zwischen den Gräsern gesucht. Sie wächst dort, wo ich sie in Ruhe lasse, wo ich sie früh genug entdecke, um sie vor dem Rasenmäher und dem Jäten zu bewahren. Ein Büschel Kornblumen muß respektiert werden wie ein heiliger Gast.

Man reißt sie nicht aus, man belästigt sie vor allem nicht. Manchmal, wenn sie unter ihrem eigenen Gewicht müde zusammensackt, richte ich sie ein wenig auf, gebe ihr vorsichtig eine Stütze. Kornblumen mögen es nicht, wenn man sie berührt. Diese Wildblumen, die ich weder gesät noch gepflanzt habe, die in aller Unabhängigkeit zu mir kamen, sind scheu wie frei lebende Tiere.

Aus dem kleinen, dünnen Stiel der Kornblume wird schnell ein großes, verzweigtes Büschel. Den ganzen Sommer lang öffnet sich eine Blüte nach der anderen, von Dunkelblau zu Hellblau changierend, zum Schluß beinahe weiß, ehe sie verwelkt. So wie bei Menschen das Blau der Augen im Alter blasser wird – vielleicht, weil sie zuviel in die Sonne geschaut oder zu viele Tränen zurückgehalten haben.

Feld- und Gartenmohn

Mohn ist von schwächerer Konstitution als Kornblumen und schnell verstört, aber auch er wagt manchmal schüchterne Besuche. Ich habe keine Beinamen für ihn gefunden, was sicher seinen scheuen Charakter bezeugt. Mit Blättern wie aus Kreppapier, die manchmal nur für einen Tag als

Kleidung dienen, wächst mein Mohn an manchen Stellen in kräftigem Blutrot. Andere Mohnpflanzen, die wie auf Zehenspitzen unter der langweiligen Zierkirsche posieren, bereit, beim geringsten Gewitter zu verschwinden, begnügen sich mit mittelmäßigem Orange. Ich lasse sie still leben und sterben, wie sie es wünschen.

Natürlich kenne ich Kornblumen und Klatschmohn; dafür braucht man nicht auf dem Land aufgewachsen zu sein. Aber eines Tages habe ich Besuch von sehr seltsamem Mohn bekommen, den ich noch nie gesehen hatte, der mir nie vorgestellt worden war und sich dennoch selbstsicher und familiär niederließ. Er fing mit weichen Stielen an, die zuerst nicht recht vom Boden hoch wollten, sich dann jedoch schnell aufrichteten und wie frisch gestärkt gerade hielten, ohne den Kopf hängen zu lassen, und Blüten bekamen, die natürlich auch sehr vergänglich, aber doch irgendwie fester, strukturierter aussahen. Blaß malvenfarben in perlmuttschimmernden Nuancen, glichen seine Blätter bei näherer Betrachtung überhaupt nicht denen des Klatschmohns. Ein Hochstapler? Ein entfernter Verwandter? Jedenfalls ein komischer Vogel. Und doch richtiger Mohn und stolz darauf, es zu sein.

Er wächst hoch und hat es in aller Schamlosigkeit eilig, sich seiner Blätter zu entkleiden und seine deckelurnenförmige Porenkapsel zu zeigen. Sie ist riesig, zwei- oder dreimal so bauchig wie die des Klatschmohns, und enthält Hunderte von Samen. Oben wird sie von einer Art Propeller verschlossen, der aussieht wie ein Anstecker auf einer Mütze.

Die Kapsel reift langsam in der Sonne, trocknet aus, zieht sich zusammen wie altes Leder bei schlechtem Wetter und öffnet dabei Schießscharten unter dem Deckel. Innen drin, in Fächern zusammengedrückt, warten die Samen und werden bald durch diesen schmalen Schlitz in alle Richtungen herausgeschleudert, regnen rundherum herunter, als ob die Kapsel

wie ein Drehkreuz rotieren würde. Ich habe sie gehört. Im Garten erkenne ich jetzt schon von weitem dieses Geprassel wieder, mit dem manche Pflanzen ihre Samen auswerfen.

Er belustigte mich, dieser Mohn, der so seine künftigen Armeen aufstellte. Er hat gute Arbeit geleistet. Im nächsten Frühling wimmelt die ganze Nachbarschaft von kleinen Mohnschößlingen, von Blättern, die auf dem Boden ausgebreitet lagen wie weiche Kissen, aus denen dann die Stengel hochwuchsen und ihre Blüten und Raketenwerfer einrichteten. Es wurden zu viele. Daß der Mohn sich als Familie hier niederläßt, gut und schön. Aber wenn er die Kamille und die Astern verdrängen und sich auf dem Beet ausbreiten will, das für die rosa Dahlien reserviert ist, übertreibt er ein bißchen.

Manche Pflanzen vertragen absolut keinen Umzug, und ich kenne die Gewohnheiten des Mohnes nicht, aber ich habe trotzdem alle seine anarchistisch verstreuten Setzlinge ausgegraben und sie an einer anderen Stelle in ordentlichen Reihen wieder eingepflanzt, aus Disziplin und auch, um sein vorwitziges Verhalten ein wenig zu durchkreuzen. Die Mohnsetzlinge nahmen das überhaupt nicht übel, blühten nur noch schöner. Ein paar Tage lang füllten sie ein prächtiges Beet, aber leider haben sie es eilig, sich auszusäen, und welken deshalb schnell. Das ist das einzige, was ich diesen unerwarteten Gästen zum Vorwurf mache. Im übrigen frage ich mich immer öfter, welche geistige Verirrung mich dazu bringt, noch immer Fremde in meinen Garten zu holen, wenn es so viele wundervolle Pflanzen gibt, die nur verlangen, daß ich mir keine Arbeit mit ihnen mache.

Kletten

Noch andere Pflanzen laden sich selbst in meinen Garten ein, seit ich lerne, sie zu erkennen, und versuche, sie mit Vor- und Nachnamen zu begrüßen. Ehe ich wußte, daß die dickköpfige Klette auch Riesenohr genannt wird, habe ich sie genauso dickköpfig immer ausgerissen. Diese eher hübsche Pflanze gedeiht auch überall, mit dicken, stacheligen Kugelblüten, die an der Kleidung hängenbleiben, wenn man ihnen zu nahe kommt. Ein Wunderkraut, das Harngrieß und Nierensteine geheilt hat und vor allem wegen seiner wasser- und schweißtreibenden Wurzeln geschätzt wurde. Mit Umschlägen aus seinen Blättern hat man auch Erkältungen und Brustkrankheiten behandelt und Hautkrankheiten durch Waschungen mit einem Aufguß aus den Wurzeln vertrieben.

Ich werde niemals Aufgüsse oder Umschläge mit Kletten machen. Um alle diese Pflanzen und ihre Verwendungen richtig kennenzulernen, müßte man ein Studium absolvieren. Außerdem hätte ich das Gefühl, mir Traditionen anzueignen, die mir nicht gehören, nur aus Neugier Gesten nachzuäffen, die für die Menschen, welche sie erfunden haben, lebensnotwendig waren. Ich käme mir vor wie Touristen, die sich in fremden Landestrachten lächerlich machen. Zu Anfang bin ich in meinem Garten als Kolonialherrin aufgetreten, inzwischen sehe ich mich immer mehr als geladenen Gast, der sich mit einer gewissen Diskretion zu benehmen hat. Das hindert mich zwar nicht daran, weiter zu schneiden, auszulichten, auszureißen, aber vielleicht mit mehr Sanftheit. Wenn ich ihr freie Hand ließe, würde die Klette alles andere überwuchern und ersticken. Auch Pflanzen sind reichlich aggressiv bei ihrem Kampf ums Überleben. Also dulde ich ein oder zwei einzelne Kletten. Was darüber hinausgeht, wird herausgerissen.

Fingerhut und Hirtentäschel

Ich dulde, wenn auch mit großen Einschränkungen, Johanniskraut und Wegerich in meinem Garten. Was den Fingerhut angeht, so rühre ich ihn nicht an; ich würde es niemals wagen, mit seinem Digitalis zu experimentieren. Ich bewundere ihn, und ich freue mich über die Überraschung, die er mir bereitet hat, als er mehrere Jahre nach dem Verschwinden des Gartenfingerhutes, den ich angepflanzt hatte, als Wildblume wieder erschienen ist.

Er vergnügt mich auch mit seinen Beinamen: Handschuh oder Finger Unserer Lieben Frau, Wolfsschwanz, Hirtenhandschuh. Natürlich ist er sehr hübsch mit seinem Schaft voll Glockenblüten in kräftigem Purpur. Aber das getigerte Innere der Blüte erinnert mich an eine böse fleischfressende Pflanze oder eine Orchidee, vielleicht an eine Schlange, auf jeden Fall an einen bösen Geist, der da kauert und auf sein Opfer lauert. Seine Glocken sind kleiner als die Blüten des verflossenen angebauten Fingerhutes und sicher auch nicht so schwer, denn der wilde Fingerhut wächst viel höher, bleibt kerzengerade und verlangt keine Stütze.

Um den bösen Blick des Fingerhutes aufzuheben, hat mir der Zufall eine nette kleine Pflanze mitgebracht, eine von denen, die ich alle ausgerottet habe, ehe ich sie kannte, nur weil auch das Hirtentäschelkraut den einen Fehler hat, so ziemlich überall zu wachsen. Wieder gefallen mir die Beinamen: Täschel-, Säckel-, Löffel-, Schinken- oder Vogelkraut, oder auch Gänsekresse.

Trotz all dieser Pseudonyme ist es eine Pflanze für Frauen; sie reguliert zu starke Regeln und lindert Menstruationsschmerzen. Die Namen leiten sich alle von der Form der Frucht ab, die sich wie eine kleine Tasche öffnet.

Ihre Schönheit ist jedoch relativ, und ich reiße sie genau wie zuvor ohne Gewissensbisse aus, nur halte ich mich jetzt an gewisse Umgangsformen und nenne sie beim Namen.

Löwenzahn

Natürlich braucht man auch Löwenzahn nicht zu pflanzen. Er ist unumschränkter Herrscher über meine Wiese, die niemals Anspruch auf den Rang eines Rasens erheben wird. Löwenzahn gilt als Unkraut. Er ist überall bekannt, wächst auf allen Böschungen, ob in der Sonne oder im Schatten. Aber ich kannte seine Beinamen nicht: Kuhblume, Kuhlattich, Maienzahn, wilde Zichorie. Der im Französischen am häufigsten benutzte Beinamen *pissenlit* (Piß ins Bett) beschreibt unverblümt seine wassertreibenden Eigenschaften.

Im Gras für ein paar Tage eine bezaubernde Sonne, im Beet dagegen ein unerwünschter Eindringling, hat Löwenzahn ein zähes Leben. Enthauptet man ihn, ohne gleichzeitig die Wurzel herauszuziehen, dann läßt er unverzüglich und munter mehrere niedliche kleine Löwenzähne wachsen. Mir gefällt er auf meiner Wiese. Wenn von einem Tag zum anderen alle Löwenzähne gleichzeitig blühen, breitet sich ein königlicher Teppich im Garten aus. Dabei bedrängen sie aber nicht die anderen Blumen, die in Gruppen oder Matten aufblühen, die weißen oder rosa Gänseblümchen, die Butterblumen, die Stiefmütterchen, die blauen oder weißen Veilchen.

Löwenzahn blüht den ganzen Frühling hindurch und sogar noch länger. Eine festliche Blüte, doch leider mit zu schwachem Stiel, um richtige Sträuße daraus zu binden. Kinder, die noch klein genug sind, um alles am Boden aufmerksam zu betrachten, lieben Löwenzahn. Eine weithin leuchtende Blüte braucht kein lockendes Parfum, die Bienen finden sie auch so. Wenn sie welkt, verwandelt sie sich in feine silbrige Fäden von so unglaublicher Leichtigkeit, daß jeder, Kind oder Erwachsener, sie einfach wegpusten muß, selbst wenn alle wissen, daß eine einzige Blüte auf diese Weise Hunderte von zukünftigen Löwenzähnen aussät.

Hibiskus und Rosen

Wenn ich, der ständigen Vorwürfe von Gemüsen und Kräutern überdrüssig, den Hibiskusblüten einen Besuch abstatte, finde ich ihr oberflächliches Geschwätz erholsam. Sie haben die Frivolität von hübschen jungen Dingern, es genügt ihnen, wenn sie sich bewundert fühlen.

Vier, fünf weit aufgeblühte Blütenkronen leuchten vom Ende des Gartens her. Gestern noch hat man sie dort kaum vermutet, sie lagen zusammengefaltet in ihrer Hülle, aus der nur eine nachtblaue Franse hervorlugte. Sie öffnen sich ganz plötzlich, wie ein etwas zerdrücktes Kleid, das man aus dem Schrank holt, ausschüttelt und reckt, um es zu glätten. Aber Blütenblätter haben weder Nerven noch Muskeln, die es ihnen ermöglichen würden, ihr Gewebe auszustrecken. Ich begreife nicht, wie sie sich zu so glattem, elegantem Damast entfalten können, nachdem sie derart zusammengedrückt in solch einem winzigen Sack gesteckt haben.

Diese Blüten aus großen, duftigen Blättern, fein und zerbrechlich wie Seidenpapier oder Schmetterlingsflügel, gehen aus dem Stadium der Knospe fast direkt in das der voll aufgeblühten Blume über, ohne dabei eine einzige Falte zu behalten. Hibiskus ähnelt dem Klatschmohn oder der Clematis: Seine Zerbrechlichkeit treibt ihn zur Eile. Die Blüten müssen dringend ihre Pracht entfalten, paradieren, überall glänzen, um das Leuchten der anderen noch zu übertreffen. Sie denken nur daran, sich den Hof machen zu lassen.

Genauso dekorativ, nur ein bißchen rustikaler, habe ich ziemlich überall Rosen gepflanzt. Zwergrosen, Buschrosen, Kletterrosen, je nach den Proportionen des Standplatzes, wie man hohe oder niedrige Möbel, im Winkel oder an der Wand, auswählt, um einen Raum harmonisch zu gestalten. Ich finde Rosen banal, sie haben keine Finesse, posieren in allen Gärten, Gärtchen und Balkonkästen wie Starlets, aber ihre Schönheit liegt in ihrer dichten Farbe, in ihrer Wirkung in der Masse. Eine einzelne Rose weckt Mitleid, sie ist nur wunderschön, wenn sie gemeinsam mit anderen auftritt. Zu Dutzenden, zu Hunderten, an einer Mauer, in Büschen, in niedrigen Hecken sind Rosen eine Augenweide, mit großen Stichen verschwenderisch gestickte Wandteppiche von leuchtenden Farben.

Die Rosen sind meine großzügigen, gastfreundlichen Blumen, die ich ohne allzu große Zuneigung, beinahe gleichgültig, doch liebe. Ihre Anwesenheit ist mir nützlich. Sie blühen in der ersten Reihe vom Frühling bis in den Herbst, und man sieht sie immer sofort. Sie kommen jedem freundlich entgegen, sind nicht schüchtern, spielen mit natürlicher Vornehmheit und höflicher Eleganz die Gastgeberinnen. Ich bin ihnen dankbar, weil sie die Liebenswürdigkeit haben, den Garten festlich zu schmücken. Da gibt es zinnoberrote, granatrote, dunkelrote, hellrote, rosafarbene, weiße, gelbe, gelborangenfarbene, perlmuttfarbene mit violettem Schimmer, rosafarbene, wie mit Silber eingefaßt, und gelbe, die ihren Tod in Weiß beklagen. Reihum oder alle gleichzeitig putzen sie sich heraus, machen sich schön und bergen hinter ihrer Pracht die Ärmlichkeit des übrigen Gartens, die Unordnung rundum, die allgemeine Disziplinlosigkeit, die schlechte Laune der Akeleien, der Sonnenblumen oder der Dahlien, die nur spärlich und wie notgedrungen aufblühen. Ich kann das Jäten vernachlässigen, das

Schneiden, sogar das Hacken, und brauche nicht einmal nach einer Ausrede dafür zu suchen: Meine Rosen sind immer da und vertreten mich, um Gäste höflich zu empfangen.

Dafür verzeihe ich ihnen die Neigung zu allerlei Wehwehchen, zum Schmachten, Jammern und Kränkeln. Ich schneide sie ohne Vergnügen oder Mißvergnügen ab und nutze ihre extreme Geselligkeit skrupellos aus, indem ich sie zu Sträußen binde und verschenke.

Heckenrosen

Um die herausfordernde Eleganz meiner Rosen auszugleichen habe ich hinten im Garten mit aller Güte, die man für Vernachlässigte empfindet, ihre armen Verwandten, die Heckenrosen, angepflanzt. Bei meiner Jagd nach alten, einheimischen Pflanzen wollte ich die Sorte Heckenrosen wiederfinden, die früher auf Böschungen wuchs und sich in Hecken mischte. Ich hatte den Ehrgeiz, eine richtige gemischte Hecke zu weben, wie sie üblich waren, als die Gärtner noch eine Vorliebe für Büsche hatten. Ich fing an mit dem, was daran am einfachsten war: mir Zeit zu lassen. Die ersten Arbeiten waren nicht so besonders lustig: Brennesseln, Dornenranken und alte Baumwurzeln herausreißen. Eigentlich hätten auch die früheren Büsche entfernt werden müssen, die im Lauf der Zeit zu Bäumen geworden waren, Pflaumen, Holunder, Haselnüsse, aber das wollte ich nicht. Als Kompromiß suchte ich mir eine Lücke zwischen einem verwilderten Pflaumenbaum und einem Holunder aus.

Die Heckenrose ist das erste Glied in meiner zukünftigen Hecke. Inzwischen fünf oder sechs Jahre alt, hat sie ihren Rhythmus im Wachsen gefunden und breitet sich schon ganz hübsch aus. Damit sie sich nicht in zu lan-

gen, kahlen Ranken verläuft, stutze ich sie hin und wieder ein wenig, wenn ich gerade Lust dazu habe, oder wenn sie zu sehr nach einer Seite wächst. Ihre Blüten sind von rosig getöntem Perlmutt, die traditionelle Farbe der Heckenrosen, die empfindlicher sind als Rosen und es nicht dulden, berührt oder gepflückt zu werden. Warum sollte man das auch tun? In ihrer Einfachheit wirken sie schüchtern, rührend und kindlich, mit diesen Blütenblättern wie Porzellansplitter. Wie kann ein so dorniger, so robuster Strauch Blüten von solcher Empfindsamkeit tragen?

Rosen schmücken sich mit adligen Namen, aber die Heckenrose, die doch so viel älter ist, hat nur einen recht gewöhnlichen Beinamen bekommen: Hundsrose. Und ihre Frucht, die Hagebutte, die so wohlschmeckend und vitaminreich ist, daß sie ihr Leben als Konfitüre, Marmelade, Sirup oder Tee beendet, wird in manchen ländlichen Gegenden Arschkitzler genannt. Das ist um so beleidigender, als die diskrete Heckenrose göttlicher Herkunft ist, aus einem Tropfen Blut der Aphrodite erblüht. Zu der Zeit, als es im Olymp noch Götter gab, haben die Griechen aus dieser tragischen Rose ein Parfum destilliert.

Und dem Rosenschwamm, der durch den Stich der Gallwespe entsteht und auf den Heckenrosenranken kleine Verdickungen bildet, haben sie Heilkräfte zugeschrieben. Im Mittelalter wurde das Wasser in den Fingerschalen auf dem Eßtisch mit einer Mischung aus Heckenrosenblättern und

Honig parfümiert. Genußsüchtige Naturen mögen Parfum und Konfitüre aus Rosenblättern, aber bei den Heckenrosen läßt sich alles verwenden: die Blätter, die Blüten, die Früchte und die Wurzeln, die Hundebisse heilen sollen.

Pflanzt man Heckenrosen, anstatt mühsam Rosen zu züchten, wächst im Garten langsam eine ganze Apotheke heran. Wildpflanzen scheinen viel reicher an Heil- und Zauberkräften aller Art als gezüchtete Sorten, die zwar schöner, aber fader sind. Andererseits – prächtige Zuchtrosen zu schneiden, um daraus einen Tee aufzugießen, wäre wirklich dumm und ein Sakrileg.

Wenn ich ihre heilenden Eigenschaften lobe, versuche ich auf recht unfeine Weise, meine Heckenrose zu trösten, weil ich sie wie Aschenputtel hinten in den Garten verbannt und mit der Eleganz der Rosen gedemütigt habe.

Vor kurzem habe ich vier weitere Heckenrosen gepflanzt. Jetzt können sie sich ihre Geschichten aus alten Zeiten erzählen und ganz ungestört über die eitlen Schönen lästern.

Myrte

In wirklich totaler Unwissenheit vorgenommen, glichen meine ersten Anpflanzungen gebieterischen Markierungen, die verkündeten, daß sich hier ein Garten ausbreiten sollte, daß rund um diese ersten Sträucher, rund um diese Pioniere, Dornenranken und Brennesseln bald verschwinden würden, um Platz zu machen für die schönsten Blumen der Schöpfung. Das sollte man sich gefälligst merken. Und dazu brauchte es den Enthusiasmus, der auf Ahnungslosigkeit beruht. Meine ersten Sträucher wurden also willkürlich eingesetzt, egal wo und egal wie, um erst einmal vorhanden zu sein und prahlerisch einen Gartenplan anzudeuten, der eigentlich schon hinfällig war, ehe er überhaupt existierte. Manche Sträucher haben in meinen Augen nur noch das Verdienst des langen Dienstalters und ärgern mich durch die Unzulänglichkeit ihrer Formen, die Lächerlichkeit ihres Standortes, etwa sämtliche Rhododenren, Hortensien, Zierkirschen und Äpfel und die japanische Scheinquitte.

Dazu gehört auch die Myrte, blöderweise in einem noch vollkommen unterentwickelten Gemüsebeet angepflanzt und nicht einmal in der Lage, den Vögeln als Zuflucht zu dienen. Ich habe ihn niemals besonders hübsch gefunden, diesen kleinen Strauch. Vermutlich habe ich ihn vage mit der Myrrhe der Heiligen Drei Könige verwechselt und bloß deshalb angepflanzt. Er ist mir nicht unsympathisch, er wächst, ohne Umstände zu machen, kugelrund und überzeugt, daß er sich nur auf sich selbst verlassen muß, um ein Monument zu werden. Da irrt er sich. Bloß weil er zu den ersten Bewohnern des Gartens gehörte und seit er soviel Spannweite entwickelt, hobele ich ihm gründlich die Kuppel ab. Er blüht danach nur um so kräftiger.

Am Ende des Frühlings hüllen Unmengen winziger weißer Blüten den Strauch wie in einen Heiligenschein ein. Wenn sie verwelken, nimmt er wieder sein trockenes, steifes Aussehen an, und seine winzigen, harten und dichtwachsenden Blätter erinnern mich an Buchsbaum. Aber er zeigt Haltung. Kein Wunder, daß man Myrte auf die Friedhöfe verbannt.

Auch aus Gewohnheit entsteht Verbundenheit, und so empfinde ich jetzt, noch immer etwas distanziert, aber doch herzlicher als zuvor, beinahe Wertschätzung für die Myrte, vor allem, seit ich aus einer zufälligen Lektüre erfahren habe, daß diese Pflanze einmal Aphrodite geweiht war. Die Myrte, die so wenig verführerisch wirkt, sobald sie ihren Blütenschmuck verloren hat, soll ein Symbol der Liebe sein? Ein kleiner Strauch mit lockeren Sitten? Im Gegenteil, schamhaft, denn er hat die Göttin der Liebe verhüllt, als sie nackt aus dem Wasser stieg. Ich frage mich, was er hinten in meinem Garten verbergen könnte. Die Gegend ist überhaupt nicht für solche Geisterbeschwörungen geeignet. Wahrscheinlich sieht er so gelangweilt aus, weil er sich fragt, was er hier soll. Ich frage mich das auch. Er ist mir zu gar nichts nütze.

Zu Aphrodites Zeiten tranken die Griechen Myrtentee gegen Entzündungen der Verdauungsorgane. Der Römer Plinius gab dem Aufguß aus eingeweichter Myrte, der als Schönheitsmittel diente, den hübschen Namen «Engelswasser». Aus Myrtenbeeren wurde ein stärkender Wein destilliert. Mit dem Tanin aus der Rinde und den blauen Beeren färbte man sich die Haare. Myrte half auch wirklich gegen Skorpionstiche. Insekten dieser Art gibt es hier zum Glück nicht, und mit den anderen Möglichkeiten, Myrte zu verwenden, werde ich ganz gewiß auch nicht herumexperimentieren.

Je länger ich den Strauch betrachte, desto weniger finde ich ihn hier angebracht. Myrte ist ein wildwachsender Strauch, eine Pflanze aus der Macchia, und auf Korsika bedeckt er die Hänge. Dort ist er zu Hause, dort gehört er hin. Dort gibt es keine Krammetsvögel, deshalb fängt man Drosseln, die gerne Myrtenbeeren fressen, was dem Drosselfleisch einen ganz besonders guten Geschmack verleihen soll. Ich bringe keine Drosseln um.

Weil mein erster Myrtenstrauch so robust war, habe ich mich von der kolonisatorischen Begeisterung meiner Anfänge als Gärtnerin hinreißen lassen und noch einen zweiten angepflanzt, an einem noch ungeeigneteren Standort, mitten auf einem Durchgang. Dem zweiten brechen regelmäßig die Äste ab, oder sie verdorren, und es geht ihm so schlecht, daß ich nicht mehr an ihn denke. Eines Tages werde ich ihn absägen. Der zweite lebt sein Leben ohne Aufhebens, fügt sich aus Gleichgültigkeit meinem Zwang, läßt sich ohne Vorwurf wie eine Bürste stutzen. Er wächst wieder, von dunklem Grün zum hellen Grün. Im Winter duckt er sich zusammen, erträgt alle Stürme, Kälte, Trockenheit. Ein unkomplizierter, einsamer Strauch; nicht einmal die Schädlinge kümmern sich um ihn.

Die einzige Freundschaft im Garten wird ihm von den Zaunwinden entgegengebracht. Die beiden scheinen einander unwiderstehlich anzuziehen. Diese bewegliche Pflanze mit den schier endlos langen Ranken klettert am Myrtenstrauch hoch, umschlingt ihn eng, als wolle sie ihn über meine Abweisung hinwegtrösten. Ich reiße die Winden in Büscheln, in Knoten, in Netzen herunter.

Vielleicht findet die Zaunwinde dort ein Parfum nach ihrem Geschmack, guten Boden und gute Stütze. Vielleicht verstehen diese beiden sich besonders gut, sind seit langem ein Liebespaar, alte Freunde. Gab es in Aphrodites Griechenland auch Zaunwinden? Aber Darius hat die Myrte aus Persien nach Griechenland mitgebracht. Also muß die Frage lauten: Gab es in Persien Zaunwinden?

Ein Myrtenstrauch kann hundert Jahre und noch älter werden. Von Langeweile niedergedrückt, wächst er nie sehr hoch, aber sein Stamm wird dick. Ich male mir aus, daß er dann einem sehr alten Olivenbaum gleicht und genügend Umfang hat, um Aphrodite zu verbergen. Bis jetzt kann der Stamm meines Myrtenstrauches höchstens eine Hand verdecken. Das genügt. Ich würde ihn gerne alt werden lassen. Aber anderswo.

Geben und Nehmen

Man zähmt den Garten, man dressiert ihn, man zwingt ihn, man lichtet ihn aus, stutzt ihn zurecht, säubert ihn. Man behandelt ihn wie ein Bauwerk, wie ein privates Möbelstück. Pausenlos korrigiert man seine natürlichen Neigungen, die Anhöhen, die Biegungen. Man hält Hausputz unter den Schädlingen, den abgestorbenen Ästen, den verwelkten Blumen.

Sobald eine Pflanze welkt, verschwindet sie in der großen Anonymität des Elends. Werden sie krank, so verlieren Pflanzen ihre Farben und ihre Persönlichkeit, werden immer unkenntlicher und unterschiedsloser. Eine gemeinsame Regel für alle Lebewesen: Nur gute Gesundheit erlaubt Individualität.

Ein von Faulschimmel befallenes Rosenblatt wird genau so bleich wie ein befallenes Rebenblatt. Bei Pflanzen fängt das Sterben damit an, daß sie austrocknen, aber noch ihre Form bewahren. Dann verlieren sie sehr schnell auch die Formen, vermischen sich und lösen sich im allgemeinen Durcheinander des Komposthaufens auf. Was ist darin noch von den einzelnen Pflanzen zu erkennen, aus denen er besteht?

Im Garten findet sich immer etwas zum Schneiden, Amputieren, Auslichten. Zweige, Stiele, verwelkte Blumen, die mit allen anderen verrotten. Ganz gleich wann und welche Arbeit gerade fällig ist, die Gartenschere liegt auf jeden Fall griffbereit in der Nähe auf einem Stein oder steckt in der Schürzentasche. Man schneidet im Vorbeigehen ein paar welke Blüten am Rosenstock ab, der Schmetterlingsstrauch hat ein paar zu schwere Zweige, der Maulbeerbaum ein paar zu lange, die Forsythie viel zu viele, die Margeritenstauden müssen ausgelichtet werden und auch der Wermut, der es

ausnutzt, wenn man sich einen Schritt entfernt, um seinerseits zwei zu machen.

Manchmal lasse ich solche Abfälle gleich an Ort und Stelle liegen, Reste, die weichen mußten, um dem Ganzen die Aura von Frische und Gesundheit zu bewahren. Aus schlechtem Gewissen. Dem Boden keinen Lohn für seine Arbeit zu gönnen gibt mir das Gefühl, einen Diebstahl zu begehen. Ich lasse ihn arbeiten, leiden, bluten, um von ihm zu nehmen und zu ernten, ihn in gewisser Weise zu berauben, ohne etwas zum Tausch anzubieten. Dabei funktioniert doch das ganze tägliche Leben nach dem Prinzip Geben und Nehmen. Die Düngemittel oder der Mist, den man dem Garten gibt, sind mehr als nur Mittel, die Fruchtbarkeit zu fördern: ein Versuch, sich freizukaufen, eine Opfergabe für die Erdmutter. Ist die zwangsläufige Verbeugung, die notwendig ist, um etwas in den Boden zu legen, nicht ein Zeichen von Respekt? Wenn ich das, was ich wegnehme, gleich da liegen und verfaulen lasse, entschuldige ich mich mit einem Geschenk, gebe ein wenig von dem zurück, was ich raube. Mit der Zeit und dem Regen wird der Boden schon etwas damit anfangen. In Kanada war es bei manchen Indianern Sitte, jedesmal eine Prise Tabak einzugraben, um der Erde zu danken, wenn sie ihr etwas wegnahmen. Ich weiß nicht, ob der Boden Tabak mag, aber ich denke mir etwas Ähnliches wie sie.

Austausch von elementaren Höflichkeiten, Spuren von Fetischismus? Wie soll man nicht manchmal eingeschüchtert sein, wenn man in dieses wuchernde Leben eingreift, das dem unsrigen gegenüber völlig gleichgültig ist? Ich nehme mir die Zeit, die Gemüseabfälle zu sortieren und sie in den Bodenvertiefungen zu Füßen der Pflanzen auszubreiten, bei denen sie mir nützlich erscheinen. Bald werden sie gelb, dann verfaulen sie und verwandeln sich in klebrige, grünliche Melasse. Bald trocknet diese Masse aus, wird zu Staub, zu Erde, und neue Pflanzen wachsen daraus, zuerst nur Brennesseln, dann Unkräuter, aber auch sie sind viel kräftiger. Indem ich diese Reste verteile, versuche ich ungeschickt, an der Arbeit des Bodens teilzunehmen, an seinem langsamen Keimen.

Aberglauben

Die Vollkommenheit auch der allerkleinsten Blume, am Abend noch unsichtbar, am nächsten Morgen aufgeblüht, ganz allein und nach anderen Gesetzen als unseren, fordert Respekt. Hier grenzt die Gartenkunst ans Heilige. Die Gesetze, die der Gärtner aufzwingen will, unterwerfen sich mächtigeren und geheimnisvollen Zufällen. Der Einfluß von Temperatur, Feuchtigkeit, Sonnenschein und Mond auf das eine oder andere Stadium des Wachstums gleicht einer so hochempfindlichen Maschinerie, daß Aberglaube ganz natürlich zu Hilfe kommt, um den Zufall zu korrigieren.

Zum Beispiel beim Wetter, das ein ebenso unerschöpfliches wie unvermeidliches Thema bleibt. Trotz der täglichen Wettervorhersage nimmt das Wetter noch immer den ersten Rang im Königreich des Unvorhersehbaren ein. Wenn ich meinen Morgenbesuch im Garten mache, betrachte ich den Himmel, um zu entscheiden, ob gegossen werden muß oder nicht. Im Wechsel seiner Launen wird das Wetter durch Magie von einer Fronarbeit befreien oder eine weitere hinzufügen. In einem Garten muß man immer bereitstehen, um die Ohnmacht des Himmels auszugleichen oder seine unverhofften Gefälligkeiten zu nutzen. Deshalb zählen alle Einzelheiten, ob sie nun begründet oder bloß Aberglauben

sind, alle kleinen Hinweise in der Natur, die Regen, einen strengen Winter oder einen verregneten Sommer ankündigen und sich in alten Bauernregeln wiederfinden – wenn sie auch oft nichts bedeuten.

Pflanzen und Tiere sind empfänglich geblieben für atmosphärische Schwankungen, für Spannungen in Luft und Wolken. Neben den Vorhersagen für gute Ernten sind Anzeichen für Regen am beliebtesten. Es wird regnen, wenn der Misthaufen anfängt zu stinken, wenn die Blüten von Zaunwinden und Gauchheil sich schließen, wenn die Katze sich mit der Pfote übers Ohr fährt, wenn auf dem Komposthaufen Pilze wachsen, wenn die Tannenzapfen sich schließen, wenn der Morgen ohne Morgenröte beginnt, wenn die Primeln ihr Kleid zusammenfalten, wenn die Hühner früh schlafen gehen oder sich im Staub aufplustern und so weiter. Ich habe keine Hühner. Und wenn ich sehe, wie irgendeine Blume sich schließt, dann weiß ich nicht mehr, ob sie mir nun Regen ankündigt oder eher das Gegenteil. Aber das macht nichts. Mir macht es Spaß, solche Weisheiten wie alte Kräuterrezepte zu sammeln, obwohl ich weder für die einen noch die anderen Verwendung habe.

In der Tat gab es ähnlichen Aberglauben in der Pflanzenheilkunde. Ich denke da an die Generationen von Kindern, die Aufgüsse und Umschläge über sich ergehen lassen mußten, nur weil eine Ähnlichkeit zwischen der Form eines kranken Organs und der Wurzel eines Krauts bestand. Ein altes Sprichwort kann ja ruhig täuschen, die Folgen sind nicht schlimm. Es trägt nur zur Unterhaltung bei.

Sprichwörter gleichen Bruchstücken aus Abzählreimen, hübsch wie heidnische Gebete. Sie erwecken den Eindruck, daß zu jeder Jahreszeit noch eine Fee gehöre, ein guter Geist, der die Arbeit des Gärtners leitet.

– Zu St. Katherinen schlägt alles Holz gut Wurzeln.
– Zu St. Maurus ist alles tot.
– Ein Jahr voll Wind, ein Jahr voll Äpfel.
– Zu St. Theodor blüht der Hahnenfuß.
– Wenn die Blumen duften, gibt es bald Wind.
– Sonne zu St. Eulalie, Äpfel und Birnen wie noch nie.

Ich weiß nicht, wann die Namenstage dieser Heiligen sind, die auch schon in Vergessenheit geraten sind. Aber alle diese Sprichwörter, die das Jahr durch Vornamen unterteilen, lassen sich aufsagen wie das kleine oder das große Einmaleins. Hört oder wiederholt man sie, so umgibt man sich mit zahllosen Bauern, Vorfahren, die weise sein wollten und Beobachtungen, die manchmal ungenau waren, in Worte faßten.

Was zählt schon die Zuverlässigkeit dieser Voraussagen! Sie symbolisieren die Zugehörigkeit zu einer Bruderschaft, Verbundenheit in gemeinsamen Sorgen. Sie mildern die Einsamkeit. Selbst bei der Arbeit auf einem lächerlichen Beet scheint es mir, daß ich mich in einen jahrhundertealten Rhythmus einfüge, in einen Kreislauf der Jahreszeiten, den Hunderte oder Tausende gebückter Rücken und schwieliger Hände erfahren haben, die nacheinander dieses Stück Land bearbeitet haben. Das genügt, um an der Geschichte teilzuhaben.

Manchmal stelle ich mir diese Gärtner, diese Bauern vor, die vor mir hier waren. Ganz gewiß war das hier kein Blumengarten. Aber was haben sie hier angebaut, was haben sie am Morgen betrachtet? Ein Haus bewahrt lange die Erinnerung an seine Erbauer, seine Bewohner, seine Familien. Das Land nicht. Fortgezogen, schon vergessen. War das hier einmal ein Gemüsegarten, ein Weizen- oder ein Luzernefeld, ein Obstgarten, Brachland oder eine Schafsweide? Das Land läßt die Spuren verschwinden.

Mühsame Lehrzeit

In diesem Jahr habe ich meinen Gemüseanbau reduziert. Nur die aus totaler Ahnungslosigkeit entstandene Begeisterung hatte mich dazu gebracht, bis jetzt kreuz und quer einfach alles zu säen und zu pflanzen, von banalen Kartoffeln bis zur für unser Klima gänzlich ungeeigneten Wassermelone. Das Vergnügen überwog praktische Aspekte. Erfahrung und Erschöpfung haben mich gescheiter gemacht. Wo ich nur die Freude daran sah zu beobachten, wie eine Pflanze wächst, gedeiht und Früchte trägt, schrecke ich jetzt vor den unzähligen Handgriffen zurück, die für die Pflege nötig wären.

Während ich zu einem Thema dazulerne, vergesse ich zu einem anderen wieder vieles. Bei jedem Jahreszeitenwechsel muß ich mich von neuem anpassen. Ratlos vor einem Baum, der wahrscheinlich ausgeputzt werden sollte, oder vor irgendeiner anderen Arbeit, muß ich ständig in einem Gartenbuch nachschauen, mit erdigen Fingern darin herumblättern, um eine klare Antwort auf eine einfache Frage zu finden – oder auch nicht: Ist es die richtige Zeit, um das Geißblatt zu schneiden? Ein Dutzend Seiten und eine Viertelstunde, um dahinterzukommen, daß es doch besser ist, noch zu warten. Und wenn der Gemüsegarten wieder anfängt zu wuchern wie im Delirium, dann kann ich mich vom letzten Jahr her nicht mehr daran erinnern, bei wie vielen Blättern man die Kürbisranken abknipsen muß und ob man am Lauch oder an den Karotten das Grünzeug beschneidet. Ich war ständig auf der Suche nach einem universellen Rezept, das für alle Pflanzen paßte, um sie auf die richtige Weise und zur richtigen Zeit zu schneiden. Leider hat jede Pflanze ihre eigenen Ansprüche, ihren eigenen Kalender.

Für jemanden, der nicht auf dem Land aufgewachsen ist, ist diese Lehrzeit genau so mühsam wie das Erlernen einer fremden Sprache. Der Neuling bleibt dazu verurteilt, lange Zeit mit dem Gartenbuch in der Hand zu praktizieren, und begeht oft grobe und entmutigende Fehler. Jahrelang habe ich geglaubt, ich müßte den Boden immerzu umgraben. Überhaupt nicht: schlechte Methode, obendrein mit schlechtem Werkzeug ausgeführt.

Also habe ich die Fläche des Gemüsegartens und die Anzahl der Gemüsesorten reduziert und begnüge mich mit denen, von denen ich, so glaube ich jedenfalls, allmählich etwas verstehe. Wenig, aber das ordentlich. Der Boden so fein gelockert wie nie zuvor. Die Aufteilung der Beete wird vor dem Aussäen je nach Größe, Anzahl und Wachstumszeit jeder Sorte festgelegt. Ich bin bereit für die große Gemüseinvasion. Das habe ich in den Jahren zuvor zwar auch immer geglaubt, aber dann ist regelmäßig irgend etwas dazwischengekommen, womit ich nicht gerechnet hatte, und dann noch irgend etwas, und zum Schluß ist mir alles zusammen über den Kopf gewachsen.

Von jetzt an plane ich im voraus. Ich habe den Gemüsegarten mit einer hübschen Reihe Edelrosen unterteilt, die eine Reihe Tomaten als Nachbarn bekommen; sie werden sich gegenseitig die Schädlinge vom Leib halten, hoffe ich. Der Anblick ist großartig. Auf der linken Seite, schlechter Samen oder schlechtes Wetter, zeigen sich die ausgesäten Zuckererbsen widerspenstig. Nur ungefähr einer von zehn Samen ist aufgegangen, kümmerlich und blaß. Richtige Gärtner reißen mit eiserner Faust mitleidlos alles Nutzlose und Kranke heraus; ich lerne das jetzt. Früher hätte ich Nachsicht geübt und die kümmerlichen Erbsen stehengelassen, diesmal habe ich alle überlebenden Erbsen herausgerissen und das Beet noch einmal umgegraben, gehackt, den Boden fein gelockert.

Ich habe reinen Tisch gemacht und dann auf diesem tadellos vorbereiteten, schönen leeren Platz Riesenkürbisse ausgesät. Genau nach Vorschrift. Ich habe den Abstand zwischen zwei künftigen Kürbissen beachtet, habe tiefe Löcher gegraben, ein Häufchen Samen wie einen Schatz hineingelegt und sorgsam mit feiner Erde zugedeckt, habe rundherum eine sanfte Vertiefung gelassen, um das Wasser zurückzuhalten, und obendrauf Markierungen gesteckt: *Vorsicht, hier wächst was!* Mehrere Samen zusammen im selben Nest auszusäen, um später nur einen einzigen Sprößling zu behalten, scheint auf den ersten Blick dumm. Aber sie halten sich gegenseitig warm. Sie vereinen ihre Kräfte, um sich durch die Erde zu arbeiten, um mit ihren noch weichen, dünnen Trieben einen Weg nach oben zu Luft und Licht zu bohren. Viel Glück, meine Kürbiskerne.

Da ich diesmal vergessen hatte, daß man den Boden anfeuchten muß, ehe man Samen hineinlegt, habe ich den Fehler begangen, hinterher zu gießen. Aber ich habe das so vorsichtig getan, daß die Kürbiskerne mir sicher verzeihen werden. Die Riesenkürbisse habe ich so ausgesät, daß ich ihre weit kriechenden Ranken über die niedrigen Buchsbaumeinfassungen hinweg auf einen freien Platz im Garten lenken kann. Ein paar Privilegierte, unter anderen den grünen Perukürbis, werde ich im Hintergrund auf verschiedene Leitern und Gerüste klettern lassen.

Für die Flaschenkürbisse habe ich meine Vorsichtsmaßnahmen ergriffen. Ich habe eine beinahe monumentale Konstruktion errichtet, eine Art Laube oder Säulengang, und ich werde nicht müde, das Werk zu bewundern. Die Flaschenkürbisse sind in einem großen Rechteck rundherum ausgesät, und ihre Ranken werden den Säulengang bedecken; es ist zwar nur ein improvisierter Säulengang, aber er ist genau richtig. Die Flaschenkürbisse werden dort ein Maximum an Sonne haben und ich eine hübsche Laube. Im Herbst wird schillernder, gelb und grün durchleuchteter Schatten darin liegen. Ich weiß nicht, ob die Flaschenkürbisse dieses Jahr überhaupt wachsen werden, aber ich habe auf jeden Fall schon einmal eine Bank unter den Säulengang gestellt. Jetzt muß ich nur noch all die anderen Pflanzen im Auge behalten, die sich darum drängeln werden, schleunigst ebenfalls dort hinaufzuklettern. Und mit dem zweiten Auge muß ich auf die Laube achten, bei der immerhin die Gefahr besteht, daß sie unter dem Gewicht zu vieler Flaschenkürbisse ins Schwanken gerät oder gar zusammenbricht.

Die schönen Unbekannten

Ich habe wirklich geschuftet, um all das Gemüse, diese flüchtigen Sommergäste, aufs beste zu empfangen. Doch selbst in kleineren Mengen halten sie mich derartig beschäftigt, daß ich die anderen, die Insulaner und die unerwarteten Besucher, ihretwegen vernachlässige. Wenn ich am Morgen nach den Tomaten schaue, vergesse ich, auch noch nachzusehen, ob diese seltsame unbekannte Pflanze nicht endlich blüht, die ich vor ein paar Tagen unter dem Kirschbaum bemerkt habe, oder ob die «Verzweiflung der Maler» noch immer keine Neigung zeigt, endlich aufzuwachen.

Mein Garten gefällt mir wegen der Überraschungen, welche die Pflanzen mir bereiten. Die Absurdität der Gartenkunst besteht darin, daß die ganze Kunst den Zweck hat, Überraschungen zu vermeiden. Es freut mich, wenn ich wachsen sehe, was ich selbst gesät und der Natur hinzugefügt habe. Aber ein Kürbis wird halt immer nur wie ein Kürbis aussehen, während ein bescheidenes Kraut, das im Schatten des Fliederbusches lebt, mir unbekannt bleibt. Ich kenne weder seinen Namen noch Form und Farbe sei-

ner Blüten. Eine Weizenähre, die mitten zwischen den Lupinen gewachsen ist, gleicht einem Geschenk.

Die Überraschungen mit den Pflanzen verschaffen mir das Vergnügen eines Spazierganges in einer unbekannten Gegend. Die Entdeckungen scheinen um so schöner, als diese immense Großzügigkeit gar nicht für einen bestimmt ist, sondern sich selbst genügt. Nicht zuletzt aus Neugier beharre ich darauf, weder Insekten- noch Unkrautmittel zu benutzen. Mein Gras ist voller Maulwurfshügel, Löwenzahn, Klee, blauem Gauchheil, Butterblumen, Spitzwegerich und Winden, ändert jeden Tag Aussehen und Farben.

Allmählich erkenne ich manche der kleinen Blumen, die da die Köpfe recken, ehe der Rasenmäher sie enthauptet. Ich entdecke auch andere; sie haben den Charme des Unbekannten, und ich finde sie alle bestaunenswert. Ich finde auch immer wieder Blumen, die ich ganz woanders gesät oder gepflanzt habe, manchmal ziemlich weit weg. Sie breiten sich auf natürliche Weise von allein aus, und ich stoße auf kleine Teppiche aus Veilchen, Glockenblumensträuße, Gartenkornblumen, die den ganzen Garten durchqueren, überall im Gras Vergißmeinnicht und Margeriten, Stiefmütterchen zwischen den Steinritzen im Weg, Astern von ich weiß nicht woher, roten, orangen- und malvenfarbenen Mohn, der sich ebenfalls unangemeldet niedergelassen hat. Alles das macht mir große Freude.

Die Zufriedenheit darüber, einer der schönen Unbekannten einen Namen geben zu können, hat etwas von metaphysischer Erleichterung an sich. Das Vergnügen an Entdeckungen liegt auch darin, eine Pflanze zu demaskieren. So habe ich endlich das Inkognito meiner berühmten Anti-Maulwurfspflanze gelüftet, diese anfangs verwöhnte und dann verabscheute Intrigantin, die ihre Ableger im ganzen Garten ansiedelt und Gott weiß welche Komplotte schmiedet. Es gab ein Jahr, da habe ich sie für eine wilde Kapernpflanze gehalten und ihre Beeren in Essig eingelegt. Eine Möglichkeit neben anderen, um ihre Ausbreitung zu begrenzen. Ehe mich die Laune überfiel, sie auch einmal zu kosten oder sie einem mutigen Gast anzubieten, habe ich ihre schreckliche Identität aufgedeckt: Sie heißt Wolfsmilch, und ihre Samen sind giftig. Nachdem ich sie jetzt kenne, kann ich sie in aller Gemütsruhe ausreißen, um anderen Platz zu machen.

Eigentlich würde ich gerne einen Garten haben, um ihn wieder verwildern zu lassen. Aber auf vielfältigere Weise und frischer. Die zudringlichen Pflanzen wie Brennesseln, Dornenranken und Efeu beseitigen, den Platz den Feld-, Wald- und Wiesenblumen überlassen, sie notfalls ein wenig aufpäppeln. Nächstes Jahr, das ist endgültig entschieden, pflanze ich überhaupt kein Gemüse mehr und säe auf dem ganzen freigewordenen Platz Wildblumen an, die ich noch nicht kenne und die ich am Morgen als erste begrüßen werde.

Durch die Blume

Meine Tätigkeit im Garten ist also vom Stadium des offenen Konfliktes in das der Verhandlungen übergegangen. Meine Pflanzen scheinen weniger von Krankheiten befallen zu werden, was ich mir nicht recht erklären kann, auch wenn ich sehr zufrieden darüber bin. Vielleicht mache ich ja weniger Fehler als früher, aber wenn ich hier einen vermeide, erfinde ich dort einen neuen. Vielleicht sind die Zeiten aus irgendwelchen unerfindlichen Gründen eben schlecht für Schädlinge. Oder vielleicht fängt unser Zusammenleben allmählich richtig an.

Diese Erklärung schmeichelt mir. Ich stelle mir vor, die Pflanzen könnten es anfangs als schockierende Nachlässigkeit empfunden haben, daß ich ihnen nicht die Brutalitäten chemischer Behandlung zugemutet, sondern sie respektiert habe. Auf diese abhärtende Weise großgezogen, haben sie dann eine widerstandsfähigere Konstitution entwickelt und lassen sich nicht mehr so leicht von ihren Feinden überwältigen – zumindest die, die nicht daran sterben. Die Pflanzen gewöhnen sich, zeigen sich eher gutgelaunt und haben vielleicht in meiner Gesellschaft genausoviel Vergnügen wie ich in ihrer. Nach und nach findet der Garten sein Gleichgewicht.

Bis die Kälte ihnen den Garaus machte, waren den ganzen Sommer und Herbst massenweise Marienkäfer da, viel zahlreicher als in den Jahren zuvor. Gewiß, Marienkäfer fressen bloß alle Blattläuse auf, aber es sieht doch so aus, als ob nach den ersten Katastrophen der Rebellion gegen mein Eindringen und meine Unerfahrenheit der Garten allmählich eine gewisse heitere Gelassenheit gewinnt. Die Schädlinge und ihre Verfolger haben das Konto ausgeglichen.

Hier und da verunziert noch einmal irgendeine Krankheit eine Pflanze oder einen Baum mit häßlichen grauen Flecken, schimmligem Weiß oder Runzeln. Ich finde diese Krankheiten noch immer genauso schwierig zu diagnostizieren wie zuvor. Mittlerweile heuchle ich jedoch Gleichgültigkeit und benenne sie nur noch mit einfachen Namen: Gelbsucht oder Brand, Rost oder Schimmel. Und wenn die Pflanze sich nicht davon erholt, bin ich Fatalistin und sage mir, daß sie eben an Auszehrung stirbt.

Die Pflanzen folgen meinen Stimmungen mit solcher Geschmeidigkeit, solcher Gleichgültigkeit, daß ich es ihnen nur gleichtun kann. Wenn nichts richtig klappt und mir die Energie fehlt, auch nur Rosen zu schneiden oder einen Weg zu harken, dann setze ich mich einfach hin. Eine Zigarettenlänge Zeit, um zu träumen, die Brise zu spüren. Dann vergessen die Vögel mich, schütteln sich und nehmen ihr Ballett wieder auf. Dann macht der Jasmin mich darauf aufmerksam, daß er bald blühen wird. Als Zeichen der

Vertraulichkeit bewegt er ein wenig seine schmiegsamen Zweige, damit ich weiß, er wird sie, wenn die Blüten erst einmal da sind, genauso bewegen, um sein Parfum so weit wie nur möglich zu zerstäuben. Ich soll nicht vergessen, wie er Wolken von weißen Blütenblättern schweben und dann langsam herabsinken läßt.

Nach und nach setzt der Garten seine Ruhe und seinen Rhythmus durch, seinen Willen, wo ich meine Autorität zeigen wollte. Was macht es schon, wenn das Ringelblumenbeet mit Butterblumen, Malven, Nachtviolen oder weißen Lichtnelken durchsetzt ist? Blumen und Blätter wachsen und werden mit oder ohne mich weiterwachsen. Das ist es, was Bäume und Kräuter mir erzählen, wenn ich mich gehenlasse und die Minuten nicht zähle.

Die Blüten des Gauchheils öffnen sich. Anzeichen für Regen. Oder umgekehrt? Den schwarzen Nachtschatten, der darauf besteht, an der Mauer entlangzuklettern, den betrachte ich nicht länger als Störenfried, der weg muß. Er gehört hierhin, genauso wie die Hortensie, die immer ein wenig fremd und unbeliebt wirkt. Aber alle, die wilden wie die gezüchteten, machen sich über mich lustig, wenn ich mich mit der Hacke abrackere, entmutigt bin und nicht weiter sehe als bis zum Ende dieses Sommers, der hinter sich gebracht werden muß. Es genügt, zu sehen, wie die Schößlinge des Flieders sich zu Sträußen gruppieren, wie die Blumen auf die Sonne warten, um zu leuchten. Dann weiß man, daß sie sich nur schönmachen, wenn es ihnen paßt, mit oder ohne Hacke.

Mein Garten im Winter

Erstarrte Stille, hier und da zerschnitten vom Schrei der Raben – an diesem Morgen liegt mein Garten unter Reif. Nur ein Geräusch wie knisterndes Papier, wenn die Schritte das Gras zerdrücken. Rascheln, Risse, große dunkle Abdrücke vom Gewicht der Sohlen. Es ist ein Sakrileg, über das Gras zu gehen. Langsam setzt sich hier und dort die Sonne ein wenig durch, vergnügt sich damit, weniger blasse Pinselstriche aufzutragen.

Vor der Ankunft der Sonne war es ein Morgen in Grau und Weiß. Mitten im Grau das Weiß des Grases und der Sträucher, mit Diamanten überschüttet. Manche Pflanzen halten den Reif fest, andere wirken wie in weißen Samt gehüllt, und die Melancholischen bleiben melancholisch.

Auf der Tanne, Überlebende eines vergangen Weihnachtsfestes, der es schwerfällt zu begreifen, daß sie grünen, aber nicht vergilben soll, ist das Spinnennetz größer geworden, spannt sich wie Takelwerk mit weißer Gischt besprüht zwischen den ausgebreiteten Zweigen nach unten. Der Reif verdeckt die Pflanzen nicht, er verwandelt sie, löst sie auf und webt sie neu nach einem anderen Muster. Von den Kräutern hat jedes seine eigene Art und Weise, den Rauhreif festzuhalten; manche sind damit gesäumt, andere überpudert, wie mit Flaum bedeckt, mit Kettenstichen oder Punkten bestickt. Die Kristalle liegen in Ringen eingefaßt, fügen sich aneinander wie Glassplitter oder Sandrosen.

Die Sonne bringt ihre Schleppe aus Nebeldunst mit, ein leerer, gelassener Kokon, der auf die vergangene Zeit pfeift. Kein Wind, keine Bewegung, kein Geräusch. Über den durchsichtigen Pailletten verwandelt sich der Nebel in Rauhreif der Luft. Ich liebe den Garten im Pelzmantel der Kälte. Wenn ich mich nicht rühre, hüllt der Winter mich vielleicht auch ein.

Über Nacht ist der Reif verschwunden. Der Garten wacht ganz dumm auf. Dumm, häßlich und alt. Vom Fest sind nur Reste und Verschmutzungen übriggeblieben. Wo am Tag zuvor sich alles in eine prächtige, funkelnde Harmonie einfügte, nehmen die Dinge ihre alte Identität wieder an. Die Überreste der Farben, splitternd und bruchstückhaft, werden gewöhnlich. Der Garten ist häßlich, platt und leer zeigt er die Überbleibsel vom Sommer, gibt seine Blößen preis. Der Reif hatte zartfühlend einen alten Vorhang von erlesenem Geschmack vor diese Unordnung gezogen. Holzstücke, Steine, verwelktes abgeschnittenes Grün und kahler Boden – der

Garten hat sich wieder in einen Hof zwischen Stall und Scheune zurückverwandelt.

Mein Garten ist bloß noch ein Garten im Winter, mit seinen Nuancen von Grau, von verblichenem Grün, seinen unordentlichen Winkeln, seinem Durcheinander, den tausend Einzelheiten, die für einen Tag voll Schönheit vergessen waren. Ich sehe meine Bäume wieder als nackte Skelette, suche an den vertrauten Stellen nach den ersten Anzeichen von Schneeglöckchen, ich schaue nach, ob der zu schwere Ast am Pflaumenbaum nicht gebrochen ist und ob der Lorbeerbaum nicht gelitten hat. In den Kulissen bereitet sich der Frühling auf seinen Auftritt vor.

Schon werden die Pflanzen wach. Es ist, als wollten sie mir Nachricht vom Leben geben, aus dem ich mich vorübergehend ausgeschlossen fühle.